스포트라이트

THE FIRST RULE OF MASTERY
Copyright ©2023 by Michael Gervais
Published by arrangement with William Morris Endeavor Entertainment, LLC
All rights reserved.

Korean Translation Copyright ©2025 by Next Wave Publishing Co.
Korean edition is published by arrangement with William Morris Endeavor
Entertainment, LLC through Imprima Korea Agency

이 책의 한국어판 저작권은 Imprima Korea Agency를 통해
William Morris Endeavor Entertainment, LLC와의 독점계약으로 흐름출판에 있습니다.
저작권법에 의해 한국 내에서 보호를 받는 저작물이므로
무단전재와 무단복제를 금합니다.

스포트라이트

―― 세상을 향한 조명을 끄고 내 안의 불을 켜는 법 ――

마이클 거베이스, 케빈 레이크 지음 | 고영훈 옮김

흐름출판

8년 동안
호스피스 간병인으로 일한
브로니 웨어는
환자들에게
무엇이 가장 후회되느냐고
질문했다.

"용기를 내볼걸."

"남들의 기대에 맞추기 위해
살지 말걸."

인생이라는 파티가
끝나갈 무렵,

사람들은 하나둘 자리를 뜨고

우리는
이런 생각을 하게 된다.

'왜

그토록

타인의 의견에

휘둘리며

살았을까?'

2005년,
애플 창업자 스티브 잡스는
스탠퍼드대학교 졸업식 연설에서
메시지를 전했다.

"언젠가 죽는다는 걸
기억하는 것은,
제가 삶에서 중대한 선택을 내릴 때
가장 도움이 되는
도구입니다.

타인의 기대, 자존심,
실패에 대한 두려움,
이 모든 것은 죽음 앞에선
힘없이 사라지고
오직 진정으로
중요한 것만 남기 때문이에요."

비행기가 갑자기 난기류를 만나 흔들릴 때,
의사가 암이 의심되는 반점을 보며
조직검사를 받자고 할 때,

별로 좋아하지도 않던 직장에서
해고당한 기억,
동료들에게 보여주려고 애써 만들어놓은
유능한 사람의 이미지 따위는
생각조차 나지 않는다.

그 순간 우리의 마음은
진심으로 소중한 것만을 바라본다.

이제는
세상을 향한 조명을 끄고
진짜로 의미 있는 것들에
집중하라.

그제야 비로소
자신의 핵심 가치와
삶의 목적에 맞춰
살아갈 수 있을 것이다.

추천의 말

정말 탁월한 책이다! 마이클 거베이스는 우리가 왜 타인의 의견에 그렇게 집착하는지, 그리고 그 집착에서 어떻게 자유로워질 수 있는지를 명쾌히 설명한다. 이 책에는 최신 연구와 자신의 경험을 바탕으로 한 그의 통찰과 현실적인 조언들이 가득하다.

— 앤절라 더크워스, 베스트셀러 『그릿(Grit)』 저자

『스포트라이트』는 FOPO(타인의 시선에 대한 두려움)에서 자유로워지고, 더 큰 가능성을 발견하고, 의미 있는 삶을 만들고 싶은 모든 이들에게 필독서가 될 것이다.

— 브래디 브루어, 스타벅스 인터내셔널 CEO

『스포트라이트』는 우리가 통제할 수 없는 것 대신 통제 가능한 것에 집중하도록 이끈다. 비즈니스, 스포츠 등 분야를 막론하고 원하는 바를 성취하려는 모든 이들에게 이 책을 권한다.
— 사티아 나델라, 마이크로소프트 CEO

『스포트라이트』는 FOPO의 덫에서 벗어나기 위한 명확한 해법을 제시한다. 외부의 시선이 아닌 진정한 자아에 집중하고 싶은 리더라면 반드시 읽어야 한다.
— 캐슬린 호건, 마이크로소프트 부사장

발레리나로서 수많은 비판을 경험한 나는 이 책을 강력히 추천한다. 마이클 거베이스는 우리의 가치가 타인의 판단이 아니라 자기 인식과 열정, 전념에서 비롯된다는 중요한 진실을 일깨워준다.
— 미스티 코플랜드, 아메리칸발레시어터 수석 무용수

FOPO가 우리의 삶과 자신감, 그리고 세상을 바라보는 방식을 얼마나 크게 좌우하는지 알고는 매우 놀랐다. 이 책은 자기 이해와 내면의 힘을 기르고 싶은 모든 이들에게 꼭 필요한 지침서다.

― 캐리 월시 제닝스,
비치발리볼 선수, 올림픽 금메달리스트

이 책을 더 일찍 만났더라면 얼마나 좋았을까. 진정한 나 자신으로 살아가고 싶은 이들에게 단연코 게임 체인저가 될 책이다.

― 줄리 파우디, FIFA 여자 월드컵 2회 우승자,
올림픽 금메달리스트

서문.
당신의 진짜 패를 들고 세상과 마주하라

●

타인에게서 불편함을 느끼는 순간,
우리 안의 진짜 문제를 발견할 기회가 열린다.
— 카를 융(정신의학자)

다른 사람의 의견을 자신의 의견보다 중요하게 여기기 시작하면 결국 그들의 방식대로 살게 된다. 소프트볼 선수 로렌 레굴라도 그 갈림길에서 고민했다. 2020년 올림픽을 앞두고 그녀는 일생일대의 기회를 맞았다. 은퇴한 지 11년 만에 캐나다 대표팀 선수로 경기장에 설 수 있는 기회가 온 것이다. 2008년 베이징 올림픽에서 아쉽게 4위에 머물며 동메달을 놓친 그녀가 다시 한번 올림픽 무대에서 메달을 노릴 수 있는 순간이었다. 캐나다 대표팀 감독은 서른아홉 살의 로렌에게 전화를 걸어 팀에 합류해 달라고 요청했다.

하지만 세 아이의 엄마이자 남편과 함께 사업을 운영하던 그녀에게는 쉽지 않은 결정이었다. 만약 그녀가 영화 속 주인공이었다면 아마 기쁨에 차서 소리를 지르고 감격의 순간에 알맞은 배경음악까지 깔렸을지 모른다. 그러나 현실의 로렌은 쉽게 결정을 내릴 수 없었다.

마음 깊은 곳에서는 다시 뛰고 싶다는 열망이 자리 잡고 있었지만, 현실적인 문제가 많았다. 이미 두 차례 올림픽에 출전했던 그녀는 이 도전이 단순히 몇 주간 훈련하고 끝나는 일이 아니라는 것을 잘 알고 있었다.[1] 올림픽을 준비하는 동안 세 자녀와 떨어져 지내야 했고 아이들은 각각 열한 살, 열 살, 여덟 살이었다. 게다가 코로나로 인해 올림픽을 앞둔 6개월 동안 선수들은 집중 훈련을 받으면서 단 한 번의 외출만 가능했다.

그녀는 이렇게 말했다. "아이들의 엄마로서 올림픽에 출전하기로 결심하는 건 쉬운 일이 아니었어요. 더군다나 최근 12년 동안 운동장에서 뛴 시간이 다 합쳐봐야 몇 달뿐인 몸으로 대표팀에 도전하는 것도 부담이었어요. 심지어 남편과 함께 사업까지 운영하고 있었으니까요." 그러나 정작 로렌의 발목을 잡은 것은 나이도, 긴 공백도, 출산 후 겪었던 우울증도 아니었다. 진짜 문제는 바로 '남들이 나를 어떻게 볼까.' 하는 두려움이었다.

로렌이 자신의 결정을 주위에 알리자, 곧이어 쏟아진 반응들이 그녀의 마음을 무겁게 했다.

"세상에, 나라면 절대 못 할 거야. 그렇게 오랜 시간 가족을 두고 떠나다니…." ('엄마로서 그럴 수 있냐.'라는 비난)

"아직도 할 수 있다고 생각해? 예전처럼 잘할 수 있을지 걱정되지 않아?" ('자신에 대해 잘 아느냐.'라는 비판)

"너, 팀에서 가장 나이 많은 선수 아냐?" (나이에 대한 편견)

"남편은 집을 비워도 괜찮대?" ('가정을 소홀히 한다.'라는 비난)

부정적인 시선들은 로렌을 괴롭혔다. 그녀의 머릿속에는 자신을 향한 주변인들의 말이 계속 둥둥 떠다녔다. '나쁜 엄마로 보이면 어쩌지?' '너무 늦었다고 손가락질하면?' '결국 실패하면 어쩌지?' 하는 걱정에 사로잡혀 더 많았던 응원의 목소리보다 몇몇 사람들의 부정적인 말들에 훨씬 더 강한 힘으로 휘감겼다.

그녀는 자신에 대한 믿음과 타인의 평가 사이에서 갈등했다. 로렌은 부정적인 말에 사로잡혔던 당시 상황을 이 격언에 비유했다. "숲을 이루는 나무는 수천 그루지만, 단 하나의 성냥으로 그 숲을 불태울 수 있다." 이 딜레마는 누구나 겪는 문제다. 자기 내면이 가리키는 길을 따를 것인가, 아니면 사회적 기대에 맞춰 살아갈 것인가?

로렌이 맞닥뜨린 것은 바로 FOPO(Fear of People's Opinions, 타인의 시선에 대한 두려움)였다. 이 두려움이 꿈을 향한 그녀의 마지막 도전을 가로막을 뻔했다.

우리가 의식하지 못하는 자신에 대한 한계

FOPO는 유행병과도 같으며, 인간의 잠재력을 크게 제한하는 요소 중 하나다.[2] 오늘날 타인이 나를 어떻게 생각할까 걱정하는 정도가 비이성적이고 비생산적이며 건강하지 못한 수준에 이르렀다. 그리고 그 부정적인 영향은 우리 삶의 모든 영역에 깊이 파고들고 있다.

FOPO를 경험할 때 우리는 스스로에 대한 믿음을 잃어버리고, 그로 인해 성과도 떨어진다. 게다가 주의를 기울이지 않으면 FOPO는 우리의 사고를 지배하며 독처럼 서서히 퍼져나가고 만다. 나의 생각과 감정을 중심에 두기보다 타인의 말이나 시선에 집착하게 되고, 이러한 집착은 우리의 결정과 행동에까지 영향을 미치는 것이다. 그리고 결국 FOPO는 우리 삶 전체를 뒤흔든다. 로렌을 떠올려보자. 만약 그녀가 부정적인 생각, 즉 타인의 시선에 대한 두려움에 사로잡혔다면 평생을 바쳐온 마지막 도전을 포기했을 것이다.

사실 이러한 타인의 의견에 대한 두려움은 인간의 본능 깊이 뿌리내리고 있다. 여전히 원시적 사고방식을 하는 뇌를 지녔기 때문이다. 수천 년 전, 사회적 인정에 대한 갈망은 인간을 더욱 신중하고 영리하게 만들었다. 부족 내에서의 입지가 위태로워져, 혼자 떨어진다면 살아남기 힘들었기 때문이다.

오늘날은 상황이 다르다 해도 소셜미디어의 확산, 특히 어린 나이에 성공해야 한다는 강한 압박감, 그리고 외부의 보상과 평가에 과도하게 의존하는 문화가 FOPO를 더욱 부추기고 있다. 리더들이 중요한 결정을 미루거나 CEO들이 장기적 비전을 포기하고 단기적 주주 이익을 우선시하는 모습에서 FOPO의 폐해가 목격된다. 정치인들이 신념보다 당론에 따라 투표하는 것 또한 마찬가지다. 우리는 명심해야 한다. 타인의 시선에서 벗어날 때 진정한 자유가 시작될 것이다. 어디서든, 어떤 상황에서도 자신에게 충실할 수 있는 자유 말이다.

 FOPO는 우리의 삶 전반에 깊이 침투해 있고 그 결과는 결코 가볍지 않다. 우리는 비판이 두려워 안전한 길을 택하고 가능성을 축소하며 산다. 반박하기보다 침묵하고 진심을 감춘 채 동조하고 자신의 진정성을 타인의 인정과 맞바꾼다. 결과를 예측할 수 없으면 손을 들고 나서지 않고 상대의 비위를 맞추기 위해 웃거나, 불쾌한 말을 듣고도 입을 다문다. 또 상대의 말을 들으면서 답변을 준비하고 목적보다 권력을 추구하며 다른 사람의 꿈을 좇느라 정작 자신의 꿈은 잊고 만다.

많은 현대인들이 타인의 눈에 비친 모습으로 자신을 평가한다. 이는 자존감과 가치의 기준을 '나'가 아닌 외부에서 찾는 것이다. 그 결과 누군가가 우리를 인정해주면 기분이 좋아지고 반대인 경우 스스로를 비하한다. 결국 우리는 진정한 자신이 아닌 타인이 원하는 모습에 맞추며 살아가게 된다. 자신의 필요를 무시하거나 혹은 아예 인식조차 하지 못한 채 인정받기 위해 끊임없이 애쓰는 것이다.

아름답고 놀라운 이 지구에 머물면서 우리에게 주어진 짧은 시간을 남의 기대에나 부응하며 허비할 것인가? 그렇다면 우리는 자신의 가능성을 끝내 발견하지 못할 것이다. 지금까지의 선택을 떠올려보자. 진정으로 열정을 느낀 길을 선택했는가, 아니면 부모님의 기대, 사회적 시선 등에 따라 법학이나 경영학을 전공했는가? 또는 새로운 도전의 기회 또는 열망이 있었지만 사람들이 뭐라고 생각할지 두려워 주저했는가?

우리 모두 그런 경험이 있다. 하지만 중요한 점은 이것이다. 자신만의 재능, 신념, 가치를 무시하고 타인의 시선에 휘둘리기 시작하면, 자신의 가능성과 성장의 기회를 심각하게 제한하게 된다는 사실이다. 타인의 의견이나 사회적 기대에 과도하게 영향을 받으면, 결국 스스로를 가두는 틀을 만들게 된다.[3] 다음 단계로 나아가야 할 때도 '나는 부족해.' 또는 '잘될 가능성이 희박해.'라며 자신을 주저앉히고, 커리어를 바꾸고 싶을 때도 '내 나이엔 너무 늦었어.'라며 포기하는 식이다. 이런 생각들은 검증되지 않은 채 스스로에게 사실처럼 받아들여지고 결국 우리의 삶을 제한하는 굴레가 된다.

사람은 모두 고유한 자질과 강점을 가지고 있다. 그리고 그것을 최대한 발휘하는 것이 우리의 몫이다. 명심해야 할 것은 우리는 항상 '되어가는 과정'에 있으며 우리가 되고자 하는 사람이 되기 위한 그 과정은 외부의 압력과 일상의 소음에 휩쓸리기 쉽다는 점이다. 이에 흔들리지 않기 위해서 우리에게는 깊은 내적 결단과 뚜렷한 비전이 필요하다.[4]

타인에게 인정받고 소속되고 싶은 욕구와 거절당할지 모른다는 두려움에 삶을 가로막히지 말라. 우리의 원시적 뇌가 불가피하게 일상 속 FOPO를 만들어내지만, 이것으로 우리가 원하는 삶을 포기할 수는 없지 않은가?

진짜 나와 세상의 간극

우디 호버그의 삶은 타인의 시선에 얽매이지 않고 자신의 길을 따를 때 열리는 가능성을 잘 보여준다. 그는 내가 만나본 사람들 중 가장 뛰어난 인물이다. 감정적으로, 심리적으로, 지적으로, 그리고 신체적으로도 완벽에 가깝다. 그리고 그는 모험을 좋아하고 겸손했다.

어릴 적부터 등반을 좋아했고 우주에 가는 것을 꿈꿨던 우디는 MIT에서 항공우주공학 학사와 석사 학위를 받고 버클리에서 컴퓨터공학 박사 과정을 밟았다. 그는 기술적 난제를 해결하는 것을 좋아했다. 하지만 그 길이 자신이 원하는 모든 면을 충족시키지는 못했다. 그는 주말마다 요세미티 국립공원을 등반하고 비행기를 조종했지만 보다 의미 있게 자신의 기술을 활용하고 싶었다. 결국 그는 응급구조 자격증을 취득해 요세미티 산악구조대에 지원하기로 결심했다.

산악구조는 컴퓨터공학 박사 과정과는 무관한 분야였다. 그래서 그는 존경하는 학문적 멘토들에게 조언을 구했다. 하지만 많은 이들이 "좋은 생각이 아니야. 그게 자네의 경력에 무슨 도움이 되겠나?"라며 그를 만류했다.

학계에서는 학자들의 의견이 중요하기도 하지만 우디는

그들을 깊이 신뢰하고 있었기에 크게 흔들렸다. 하지만 결국 자신의 결정을 따르기로 했고 그는 그 당시를 회상하며 이렇게 말했다. "결국 선택은 제 몫이었어요. 그리고 그 경험은 제 인생에서 정말 소중한 순간입니다."

우디는 박사 학위를 마친 후 MIT에서 학생들을 가르치기 시작했다. 그러던 어느 날, 친구로부터 NASA가 4년 만에 새로운 우주비행사를 모집한다는 소식을 들었다. 그는 전혀 기대하지 않고 지원서를 제출했지만, 1년 반 후 1만 8천 명이 넘는 지원자 중 단 12명만 선발된 우주비행사 후보자에 합격했다. 지금 이 글을 쓰는 순간에도 그는 국제우주정거장에서 6개월간의 임무를 수행 중이다.

우디는 자신이 선발된 이유 중 하나로 요세미티 산악구조대에서의 경험을 꼽는다. 타인의 시선에 휘둘리지 않고 자신만의 길을 걸었기에 그는 어릴적 꿈을 이룰 수 있었던 것이다.

전장의 최전선에서

나는 고성과 심리학자(high-performance psychologist)로서 세계에서 손에 꼽는 뛰어난 개인·팀들과 함께 일했다. 미국의 미식축구팀 시애틀 시호크스가 덴버 브롱코스를 상대로 슈퍼볼에서 우승하던 순간, 나는 경기장 사이드 라인에 있었다. 오스트리아 출신의 베이스 점퍼 펠릭스 바움가르트너가 상공 38.6km에서 시속 800km로 자유 낙하하며 기록을 경신하던 순간, 나는 미션 컨트롤룸에 있었다. 미국의 서핑 대표팀이 도쿄 해변에서 올림픽 역사상 첫 금메달을 거머쥐던 순간에도 함께했다. 세계 최고의 여자 비치발리볼 팀으로 손꼽히는 케리 월시 제닝스와 미스티 메이-트레이너가 세 번 연속 올림픽 금메달을 거머쥐던 순간에도 나는 코트 옆에 있었다. 세계 최대 규모의 기술 기업 CEO가 조직 문화를 '마인드셋, 공감, 목적'에 기반한 방향으로 전환하겠다고 선언하던 그 회의실에도 있었다.

세계 정상급 성과를 내는 이들은 인간의 한계를 뛰어넘어, 가능성의 지평을 넓혀간다. 그러나 내가 가까이에서 본 그들은 단순히 자기 분야에서 비범한 능력을 지닌 사람들이 아니었다. 그들은 끊임없이 자신을 최고로 만들기 위해 노력하는 것을 넘어, 탁월해지고 싶다는 갈망이 있었고 그것으로 그들은 끊임없이 자신을 단련하며 통달을 추구했다.

이는 결코 쉬운 일이 아니다. 우리는 흔히 운동선수, 배우, 음악가, 기업의 리더들을 타고난 재능과 강철 같은 정신력을 가진 초인처럼 여기지만, 사실 그렇게 단순하지만은 않다. 대중의 시선이 집중되는 성공을 이루면 오히려 타인의 시선에 더욱 취약해진다. 팬과 언론, 소셜미디어 사용자들의 비판과 칭찬이 24시간 끊임없이 이어지는 환경에 노출된다고 상상해보라. 가수나 배우라면 자신의 목소리, 외모, 능력에 대한 끝없는 평가를 견뎌야 한다. 과연 흔들리지 않을 수 있을까?

평생 동안 한 종목을 훈련해 정상의 자리에 올랐지만, 그곳에서 마주한 권력과 명성이 외로움과 우울이라는 함정으로 이끈다는 것을 깨닫는다면 어떨 것 같은가? 올림픽 출전을 목표로 인생을 바쳐 훈련했는데, 경기 시간은 1분도 채 안 된다고 생각해보라. 간발의 차로 4위를 기록하며 메달을 놓친다면 어떤 기분일까?

기업의 리더들도 예외는 아니다. 직급이 올라갈수록 평가와 비판의 대상이 되기 쉽다. 리더들은 직원, 고객, 주주, 대중 등 다양한 이해관계자에게 영향을 미치는 중요한 결정을 내린다. 그렇기에 리더의 행동과 결정은 사람들에게 주목받고 시선을 끈다. 심지어 언론마저 합세하여 대중의 관심을 증폭시키고, 리더들은 자신의 이미지를 관리해야 하는 압박감을 가지게 된다.

이처럼 우리가 통제할 수 없는 외부의 시선에 집착하는 것은 흔한 일이고 성공했다고 해서 이런 집착이 저절로 사라지지도 않는다. 그렇다면 어떻게 해야 FOPO에서 벗어날 수 있을까? 비즈니스, 스포츠, 예술 등 어떤 분야에서든 FOPO에서 벗어나려면 무엇이 내 통제 범위 안에 있는지를 명확히 구분해야 한다. 통제할 수 없는 것에 마음을 쏟으면 정작 자신이 바꿀 수 있는 것에 쏟을 에너지를 빼앗기고 만다. 그렇기에 FOPO에서 벗어나기 위한 첫 번째 발걸음은 스스로 완전히 통제할 수 있는 것, 자기 자신에게 집중하는 데서 시작된다. 이제 다른 사람들이 당신을 어떻게 바라볼지 걱정하지 마라. 당신 안에 조용히 자리 잡은 꿈을 향해 스포트라이트를 켜라. 우리가 진정으로 마스터할 수 있는 대상은 자기 자신뿐이며 이것이 '통달'의 본질이다.

FOPO에 맞서는 법

최고의 운동선수들은 중요한 순간에 대처하기 위해 '자기인식과 심리적 기술'을 먼저 준비한다. 타인의 평가와 시선에 대한 두려움을 극복하는 데도 이와 같은 접근이 필요하다. 이 책의 목표는 우리 내면에서 은밀하게 작용하는 타인의 시선에 대한 두려움의 심리적 메커니즘을 밝혀내고, 이를 성장의 도구로 활용하는 방법을 제시하는 것이다. 즉 FOPO를 회피하거나 무시하기보다 자신을 이해하는 도구로 활용하는 법, FOPO가 드러날 때 그 아래에 숨겨진 두려움을 탐색하는 법, 결국 당신이 FOPO를 배움의 기회로 삼아 자신의 잠재력을 발견하도록 도울 것이다.

예를 들어 회의 중 좋은 아이디어가 떠올랐지만 손을 들지 못했다고 가정해보자. 그 이유를 깊이 파고들어 보라. 아이디어가 완벽하지 않아서인가? 생각을 제대로 표현하지 못할까 봐 인가? 아니면 아이디어가 받아들여지지 않을까 두려워서인가? 만약 그렇다면, 아이디어가 거부당하는 것이 곧 당신이 무능함을 의미한다고 믿는가? 자신이 부족하다고 믿는 것인가? 이러한 질문을 스스로에게 던지며 두려움의 근원을 하나씩 파고들어라.

이처럼 FOPO에 대한 인식을 키우는 것이 첫 번째 단계이다. '자기 인식'이 변화의 출발점이라는 것은 새로운 개념이 아니다. 거의 모든 자기계발서, 새해 결심, 변화 프로그램의 근간에는 자기 인식이 있다. 우리가 해결해야 할 문제를 인지하지 못하면 변화는 불가능하다.

그러나 인식만으로는 충분하지 않다. 인식 이후에는 '심리적 기술'을 개발해야 한다. 누군가가 공황 발작을 겪으며 자기 생각이 원인임을 인식한다 해도, 생각을 다룰 수 있는 기술이 없다면 아무 소용이 없다.

캐나다 올림픽 선수인 로렌은 FOPO가 자신의 삶을 지배하도록 내버려두지 않았다. 팬데믹으로 인해 1년 연기된 2021년 도쿄 올림픽에서, 서른아홉의 나이에 그녀는 동메달을 거머쥐었다. 로렌은 자신의 꿈이 쉽게 무산될 수도 있었다는 사실을 잊지 않았다. "FOPO는 실제로 존재해요. 그 두려움에 꿈을 포기할 뻔했죠. 하지만 포기하지 않아 정말 다행이에요. 제 안의 목소리에 귀를 기울일 수 있어서 다행이었어요."

당신도 스스로에게 물어보라. FOPO가 당신을 가로막고 있는지를.[5]

목차

추천의 말

서문. 당신의 진짜 패를 들고 세상과 마주하라 ◦ 19

1부. 당신은 FOPO인가?

1장. 타인의 시선이라는 감옥
— 인정과 찬사를 받기 위해 달려가는 삶

랍투스, 고독의 황홀경 ◦ 45

나에게 쏟아지는 시선과의 싸움 ◦ 47

통제할 수 없는 것에 집착할수록 삶의 주도권을 잃는다 ◦ 50

[스포트라이트 법칙. 통제할 수 있는 것과 없는 것을 구분하라] ◦ 52

2장. 왜 나는 남의 시선을 떨쳐내지 못할까?
— 사랑받고 가치 있는 존재가 되기 위해

타인의 의견이 내면의 목소리보다 커질 때가 온다 ◦ 58

당신을 좀먹고 있는 두려움 ◦ 60

반복되는 악순환의 고리를 끊어라 ◦ 62

FOPO로 빠지는 두 가지 길 ◦ 71

[스포트라이트 법칙. 당신을 불편한 상황으로 내던져보라] ◦ 73

3장. 두려움의 메커니즘

— 두려움을 통제하기 위해 알아야 할 것

    본능적이고 필수적인 반응 ○ 81

    생존을 돕던 것이 족쇄가 되다 ○ 83

    최고의 선수가 느끼는 공포 ○ 86

    두려움을 넘어 ○ 92

    체계적 둔감화: 두려움을 극복하는 과정 ○ 95

    [스포트라이트 법칙. 스스로를 알아야 극복할 수 있다] ○ 96

2부. FOPO의 해독제

4장. 정체성의 함정에서 벗어나라

— 직업도, 성과도, 통장 잔고도 당신을 말해주지 않는다

    당신을 무엇이라고 정의하는가? ○ 105

    어떤 일을, 어디서, 얼마나 잘하는지는 중요하지 않다 ○ 108

    성과는 정체성이 아니다 ○ 115

    흔들리지 않는 내면을 만드는 법 ○ 118

    불편한 의견을 똑바로 응시하라 ○ 121

    나의 의미만이 나의 목적이 될 수 있다 ○ 126

    [스포트라이트 법칙. 신념을 적고, 흔들릴 때마다 떠올려라] ○ 129

5장. 당신은 도마 위에 놓인 생선이 아니거늘
— 내 가치를 남에게 맡기지 마라

당신은 어디서 존재의 가치를 느끼는가? ◦ 133

성취로 자존감이 유지되는 불행한 구조 ◦ 137

우리는 왜 이렇게 되었을까? ◦ 142

있는 그대로의 당신도 괜찮다 ◦ 144

[스포트라이트 법칙. 외모, 성적, 돈… 자존감의 원천을 확인하라]
◦ 145

6장. FOPO의 신경생물학
— 뇌가 남의 시선을 두려워하는 이유 알기

혼자 있는 시간이 불편한 이유 ◦ 149

뇌 속에서 파티가 벌어지고 있다 ◦ 151

방심할 수 없는 뇌 ◦ 153

지금 이 순간, 마음챙김 ◦ 156

[스포트라이트 법칙. 한순간만이라도 마음챙김을 연습하라] ◦ 159

7장. 자기 인생을 사느라 여념이 없는 사람들

— 나는 남들에게 관심 밖임을 받아들이는 연습

모두가 나만 보고 있다는 착각 ◦ 163
남들도 자신이 세상의 주인공이다 ◦ 165
스포트라이트가 정말 당신을 비출 때는 ◦ 166
[스포트라이트 법칙. 내가 아닌 타인의 입장에서 다시 보라] ◦ 168

8장. 타인의 말을 해석하지 말라

— 상대의 머릿속에서 벗어나기

그의 말이 정말 그가 한 말인가? ◦ 176
방어할 것인가, 탐색할 것인가 ◦ 179
당신에게는 초능력이 없다 ◦ 181
우주에서 가장 복잡한 시스템, 뇌 ◦ 185
[스포트라이트 법칙. 짐작하고 넘겨짚지 말고 물어보라] ◦ 188

9장. 세상을 열 개의 눈으로 보라

— 크고 작은 믿음은 당신을 제한하고 있다

우리는 세상을 있는 그대로 보지 않는다 ◦ 192
사실과 해석 사이에는 간극이 존재한다 ◦ 195
확증 편향의 덫에서 벗어나기 ◦ 198
누구나 편견을 가지고 있다 ◦ 203
[스포트라이트 법칙. 유추되는 상황을 다르게 생각해보라] ◦ 204

10장. 사회적 가면을 벗어라
— '나'를 증명하지 않아도 충분하다

연결되지 못해 공허한 마음 ○ 211

내가 잘해서, 혹은 내가 부족해서? ○ 213

소속되고 싶다는 본능 ○ 218

밑 빠진 독에는 무엇을 부어도 차지 않는다 ○ 221

'나'에서 벗어나면 세상이 당신을 품고 있을 것이다 ○ 223

[스포트라이트 법칙. 초점을 '나'가 아닌 '선(善)'에 두라] ○ 224

3부. 후회 없는 삶을 위해 기준을 재정의하라

11장. 당신의 믿음은 여전히 도움이 되고 있는가?
— 뿌리 깊은 신념이 흔들릴 때 성장이 시작된다

믿음과 정체성, 뇌는 둘을 구분하지 못한다 ○ 233

당신의 신념을 '몸'처럼 보호한다 ○ 234

우리는 무엇을 위해 담을 쌓는가? ○ 236

[스포트라이트 법칙. 신념을 재확인하라] ○ 237

12장. 누구의 말에 귀 기울일 것인가?

― 진짜 나를 위한 목소리 찾기

당신만의 스크린을 설치하라	○ 239
원탁 회의	○ 242
[스포트라이트 법칙. 당신의 반응이 내포한 정보를 마주하라]	○ 244

13장. 마지막 질문

― 인생의 방향을 결정하는 단 하나의 물음

죽음 앞에서 가장 많이 후회하는 것	○ 247
진짜 원하는 삶을 살지 못하는 이유	○ 249
헛된 것들이 사라지고 진짜 중요한 것만 남는다	○ 250
인생의 마지막 날, 무엇을 후회할 것인가?	○ 256
[스포트라이트 법칙. 다시 없을 것처럼 작별하라]	○ 258
미주	○ 259

1부

당신은 FOPO인가?

1장. 타인의 시선이라는 감옥
인정과 찬사를 받기 위해 달려가는 삶

●

예술가는 결코 스스로의 틀에 갇혀서는 안 된다.
스타일에 갇혀서도, 명성에 갇혀서도, 성공에 갇혀서도 안 된다.
― 앙리 마티스(화가)

타인의 시선에 대한 두려움(FOPO)에서 완전히 자유로운 사람은 없다. 당신도, 나도, 세계적인 운동선수도, 예외는 없다. 위대한 예술가조차도 FOPO의 영향에서 벗어나기 어렵다. 하지만 FOPO의 힘에 맞서고 그것을 극복해낸 사람만이 비로소 진정한 거장의 길로 들어설 수 있다. 베토벤을 생각해보자.

많은 사람들이 그를 '신이 선택한 존재'로 여겼다. 그는 마치 신비로운 경지의 음악을 세상에 전달하는 사명을 띤 사람처럼 보였다. 그의 음악은 클래식의 모든 장르를 변화시켰고 기존의 규칙을 깨부수며 인류 역사상 가장 숭고한 음악을 만들어냈다. 베토벤은 전통을 거부하고 자신만의 예술적 길을 개척한 천재였다.

하지만 그런 베토벤조차도 다른 사람들의 시선을 두려워한 시간이 있었다. 그것도 3년이라는 긴 시간 동안. 그는 경력이 정점에 오른 순간 사람들 앞에서 홀연히 사라졌다. 자신의 비밀이 밝혀지면 모든 것이 무너질 거라고 믿었기 때문이다. 베토벤은 자신의 불우한 운명과 불공정한 세상에 맞서 싸운 예술가였지만, 이 한마디를 입 밖에 내는 것만큼은 두려워했다.

"나는 귀가 들리지 않는다."

베토벤은 20대 중반부터 청력을 잃기 시작했다. 음악가로서 가장 중요한 감각을 잃는다는 아이러니에 그는 청력에 좋다는 온갖 방법을 찾아다녔다. 아몬드 오일을 적신 솜을 귀마개로 쓰고, 약탕 치료를 하고, 심지어 독성이 있는 나무껍질을 팔뚝에 묶어 피부에 스며들게 했다. 하지만 그 어떤 것에서도 효과를 보지 못했다. 그럼에도 그는 이 사실을 의사 외에는 누구에게도 알리지 않았다. 세상은 그의 천재성을 찬양했지만, 정작 그는 고통스러운 생각과 감정으로 가득 찬 세계에 홀로 갇혀 있었다.

베토벤은 자신의 청각 장애를 숨기기 위해 일부러 괴짜 천재 예술가처럼 행동했다. 다른 사람이 무언가를 말해도, 소리에 대해 언급해도, 그는 마치 뭔가를 골똘히 생각하거나 멍하니 있다 듣지 못한 것처럼 행동했다. 그는 당시를 이렇게 설명했다. "어떤 사람들은 내 청각 장애를 전혀 눈치채지 못한다. 원래도 종종 멍하니 있을 때가 많았기에, 사람들은 그 때문으로 여긴다. 누군가가 조용히 말하면 거의 들리지 않는다. 소리는 들리지만 무슨 말을 하고 있는지 알 수 없다. 그렇지만 너무 크게 말하는 것 또한 견딜 수가 없다."[1]

베토벤은 청력 상실이 그의 음악, 특히 피아노 연주 능력에 미칠 영향에 대해 깊이 우려했다. 하지만 그에 못지않게 대중의 시선을 두려워하며 이렇게 말했다. "다른 직업을 가졌다면 조금 더 수월했을 것이다. 음악가로서 청력을 잃는다는 것은 끔찍한 일이다. 게다가 나를 시기하는 자들이 적지 않은데, 그들이 이 사실을 알게 되면 무슨 말을 할지 뻔하지 않은가?"[2]

그가 두려워한 것은 단순한 비판이 아니었다. 당시 음악가는 귀족들의 후원에 의존해야 했고, 베토벤 역시 오랜 노력 끝에 비엔나 음악계에 발을 들였다. 만약 그의 장애가 알려진다면 후원이 끊기고 음악가로서의 생명이 끝날지도 몰랐다. 하지만 그보다 더 큰 두려움은 자신의 정체성이 무너지는 것이었다. 그는 동생에게 쓴 편지에서 이렇게 말했다. "어떻게 내가, 누구보다 완벽한 청각을 가졌던 내가, 이토록 치명적인 결함을 인정할 수 있단 말인가?"[3]

그는 음악의 신 베토벤이었고, 음악의 신은 보통 사람들보다 음악을 더 잘 들어야 했다. 귀가 들리지 않는다는 사실은 그가 구축한 자신에 대한 이미지와 충돌했다. 베토벤이 자신에 대해 가지고 있던 정체성은 확고했다. 타인의 인정과 찬사가 그 기반이었으며, 그것은 그의 뼈와 살처럼 분명하고 변할 수 없는 것이었다.

그는 자신을 '오직 하나뿐인 베토벤'이라고 칭하며 후원자인 리히노브스키 공작에게 다음과 같은 편지를 보냈다. "공작님, 당신이 지금의 위치에 있는 것은 출생과 환경 덕분입니다. 하지만 저는 오직 저 자신의 힘으로 지금의 자리에 섰습니다. 공작은 수없이 많지만, 베토벤은 오직 하나입니다."[4]

그는 우리가 생존의 위협을 느낄 때와 같은 방식으로 대응했다. 즉 자신을 지키고자 했다. 그는 자기 자신을 되돌아보며 바꾸기보다는 세상을 자신이 보고 싶은 방식대로 바꾸려 했다. 사람들의 말을 제대로 듣지 못하면서도 다시 말해달라고 부탁하는 것조차 두려워했으며 괴팍한 성격을 연기하며 세상과 단절했다. 결국 베토벤은 자신의 비밀을 지키기 위해 엄청난 대가를 치렀고 심각한 우울 속에서 자살까지 고민했다.

랍투스, 고독의 황홀경

베토벤은 어린 시절부터 타인의 시선을 의식할 수밖에 없었다. 그의 아버지 요한은 평범한 테너 가수였고, 알코올 의존증으로 음악가로서의 꿈을 이루지 못했다. 그래서 자신의 꿈을 아들의 재능으로 이루려 했다. 그는 베토벤의 스승을 자처하며 혹독한 폭언과 체벌로 베토벤을 몰아붙였다. 심지어 지하실에 가두고 연습을 강요했다.[5] 어느 날 밤, 술에 취한 요한은 친구들을 집으로 데려와 베토벤을 피아노 앞에 세우고는 건반을 칠 수 있도록 의자 위에 베토벤을 올려놓고 실수할 때마다 때리기도 했다.

베토벤의 재능이 점점 뚜렷해지자 요한은 아들이 유럽 최고의 음악가가 되길 바랐다. 그는 매니저 역할을 자처했고 마케터로서 독일 본의 모든 음악 모임에서 베토벤을 홍보했다. 요한은 베토벤을 '천재 신동'으로 만들려 했다. 쾰른에서 연주회를 열며 지역 신문에 "여섯 살에 이미 궁정에서 연주한 소년"이라고 광고까지 냈다. 사실 베토벤은 일곱 살이었지만 말이다. 그는 나이를 속여서라도 아들에게 신동 이미지를 씌우고 싶어했다.[6]

베토벤은 일찌감치 깨달았다. 자신이 사랑받을 수 있는 이유는 그의 존재 자체가 아니라 그가 무엇을 이루어내느냐에 달려 있다는 것을 말이다. 사랑과 인정을 동일시하는 환경에서 자란 사람은 대개 타인의 인정에 의존하는 성향을 보이게 된다. 베토벤 역시 예외가 아니었다. 무대 위에서 쏟아지는 스포트라이트는 그에게 단순한 조명이 아니라, 존재의 이유와도 같았다.

그런 베토벤에게는 타인의 의견이 침범할 수 없고, 자기 의심이 들어설 틈이 없으며, 경제적 후원을 해주는 귀족들의 영향력조차 미치지 못하는 곳이 하나 있었다. 바로 그의 '내면'이었다. 베토벤은 음악에 완전히 몰입해 주변을 잊고 자신을 의식하지 않은 채 오롯이 자신의 세계로 사라지는 능력을 키웠다. 어디에 있든 상관없었다. 노트에 무언가를 끄적이고 있을 때든 사람들이 붐비는 장소에서 즉흥 연주를 하고 있을 때든 마찬가지였다.

베토벤의 어릴 적 친구는 그런 순간 중 하나를 이렇게 회상했다. "제가 말을 걸었지만 베토벤은 전혀 듣지 못하는 것 같았어요. 한참 후 정신을 차린 베토벤은 '아, 미안해! 너무 아름답고 깊은 생각에 빠져 있었어.'라고 답했죠."[7]

전기 작가 얀 스와포드는 베토벤의 이런 상태를 '황홀경'에 비유하며 "그는 사람들 속에서도 고독을 찾을 수 있었다."라고 묘사했다.[8] 베토벤의 어린 시절을 후원하며 그가 음악적 기반을 닦는 데 중요한 역할을 한 지인은 이 상태를 '랍투스 (raptus: 라틴어로 '황홀경'을 의미-옮긴이)'라고 불렀다.⁹ 베토벤의 '랍투스'는 그의 가까운 지인들 사이에서 전설처럼 전해졌으며, 그가 내면으로 침잠할 때면 "오늘도 베토벤은 랍투스에 빠졌군."이라고 말했다.¹⁰

베토벤은 이 랍투스를 통해 내외부의 방해 요소를 차단하고 음악에 집중할 수 있는 능력을 길렀다. 타인의 의견이 중요하지 않은 그만의 공간으로 들어갈 수 있었으며 혼자 있는 시간을 두려워하지 않았다. 그는 자신의 내면에서 울리는 음악을 들을 줄 아는 사람이었다.

문제는 그가 랍투스에서 벗어나 다시 타인의 인정이 필요한 현실로 돌아왔을 때였다.

나에게 쏟아지는 시선과의 싸움

베토벤은 자신의 청각 장애를 더 이상 숨길 수 없을 지경에 이르렀다. 그는 1802년 10월 6일, 동생들에게 절절하고 고통 어린 편지를 보내 자신의 상황을 토로했다. 이 편지는 '하일리겐슈타트 유서'로 알려져 있다.¹¹

오, 나를 악의적이고 고집스럽고 인간을 혐오하는 사람으로 생각하거나 말하는 사람들이여, 당신들은 나를 너무나 오해하고 있다. 나를 그렇게 보이게 만드는 비밀스러운 이유를 당신들은 알지 못한다. 사람들이 있는 곳으로 가고 싶지만 그럴 때면 공포가 나를 엄습한다. 내 상태가 드러날까 봐 두려운 것이다. 나는 망명자처럼 살아야만 한다. 누군가가 멀리서 들려오는 플루트 소리를 듣고 감탄하는데 나는 아무것도 들을 수 없을 때, 또는 누군가가 들판에서 노래하는 양치기의 목소리 듣지만 나는 전혀 듣지 못할 때, 그런 순간들은 나를 절망에 빠뜨렸다. 조금만 더 그런 상황이 계속되었다면 나는 내 생을 스스로 끝냈을 것이다.

변화는 낭만적으로 보일 때가 많다. 외적·내적 상황의 변화를 계기로 사람들은 결단을 내리며, 그 끝에 해피엔딩이 기다린다는 식이다. 그러나 실제로도 그러한가? 오래된 습관과 행동 패턴은 쉽게 바뀌지 않는다. 변화의 필요성을 알면서도 실행에 옮기지 못하는 경우가 대부분이다. 다만 인생이 밑바닥을 치거나, 고통이 극에 달하면 그때야 비로소 변화를 결심하게 된다.

베토벤에게도 극심한 고통이 변화를 이끄는 계기가 되었다. '하일리겐슈타트 유서'는 베토벤이 바닥을 친 순간을 적나

라하게 보여주는 동시에, 그 고통이 사회적으로 인정받고자 하는 집착을 내려놓고 자신의 예술적 사명을 받아들이는 전환점이 되었음을 보여준다. 베토벤은 자신의 청각 장애를 운명으로 받아들이고 어떤 대가를 치르더라도 예술적 잠재력을 온전히 펼치기로 결심했다. 편지 말미에서 그는 이렇게 썼다.

> 나는 삶을 끝내고 싶었던 순간들이 있었다. 그러나 나를 붙잡은 것은 예술이었다. 내가 세상에 남겨야 할 작품들이 있다는 것을 느꼈기에 떠날 수 없었다. 인내, 사람들이 말하듯 그것이 이제 나를 인도하는 길이며 나는 그 길을 따르기로 했다.

베토벤은 자신의 가장 큰 두려움을 세상에 드러냄으로써 타인의 시선에 대한 두려움에서 벗어났다. 그는 "모든 악은 신비로우며, 고립된 채로 바라보면 더 커 보인다. 그러나 그것을 다른 사람들과 논의하면 더 견디기 쉬워진다. 우리가 두려워하는 것을 완전히 이해하게 되면, 그것은 이미 극복된 것이나 다름없다."라고 썼다.[12] 자신의 약점을 인정하고 나서 그는 자유로워졌으며, 타인의 평가를 관리하려는 강박에서 벗어나 자기 삶의 주도권을 되찾았다.

통제할 수 없는 것에 집착할수록 삶의 주도권을 잃는다

베토벤은 타인의 시선을 의식하지 않고 내면의 진실을 표현하기 시작했다. 자신의 내면을 음악으로 표현하여 거장의 길로 나아가기 시작한 것이다. 단순히 기술적 완벽함만으로는 결코 거장에 이를 수 없는데, 베토벤은 내면의 열정을 표현함으로써 거장이 되었다. 종착점이 어딘지 모르는 길을, 끊임없는 탐구와 자신의 경험, 진실, 정직함을 사랑하는 여정으로 완성한 것이다.

'하일리겐슈타트 유서' 이전의 베토벤도 바흐나 모차르트와 견줄 만큼 뛰어난 작곡가로 여겨졌을 것이다. 그러나 내면의 목소리에 귀를 기울임으로써 베토벤은 비로소 거장이 되는 길을 열었다. 거장의 길은 비교를 거부하며 타인과의 비교로 그 가치를 평가할 수도 없다. 유일한 기준은 각자가 도달할 수 있는 자기 자신이다.

베토벤은 자신이 통제할 수 없는 것에 에너지를 낭비하는 대신 오로지 자신이 다룰 수 있는 영역에 집중했다. 그는 피아니스트로서의 커리어를 포기하고 작곡에 전념하기로 결심했다. 사회가 기대하는 모습에서 벗어나 진정한 자신에게 몰두하자, 그는 마침내 자신의 잠재력을 온전히 발휘할 수 있었다. 베토벤은 이전에 누구도 들어본 적 없는 새로운 음악 세계를 창조해냈다.

삶의 마지막 무렵, 청력을 완전히 잃은 베토벤은 인류 음악사에서 가장 위대한 업적 중 하나로 평가받는 마지막 교향곡을 완성했다. 1824년 5월 7일, 베토벤은 빈의 케른트너토어 극장에서 열린 교향곡 9번 초연 무대에 10여 년 만에 섰다. 비록 귀가 들리지 않았지만, 그는 직접 오케스트라를 지휘하며 자신의 열정을 아낌없이 쏟아부었다. 실제로 단원들은 다른 지휘자의 지휘를 따랐지만, 베토벤은 작품에 대한 자신의 의도와 에너지를 온몸으로 표현했다. 그에게는 들리지 않는 연주였지만, 베토벤의 마음속에서는 누구보다 생생하게 울려 퍼지고 있었다.[13]

연주가 끝난 후에도 베토벤은 여전히 관객을 등지고 오케스트라를 바라보고 있었다. 관객들의 열광적인 환호를 들을 수 없었기 때문이다. 콘트랄토 가수가 다가와 그의 팔을 살며시 두드렸고 베토벤이 돌아섰을 때, 그는 환호하는 관중과 하늘 높이 흔들리는 손수건과 모자를 보았다. 비록 소리는 들리지 않았지만 그의 음악은 그 누구보다 강렬하게 세상을 울리고 있었다.

우리는 종종 타인의 시선과 평가를 통제하려고 애쓴다. 그러나 아이러니하게도, 인정받고 싶은 욕망에 집착할수록 정작 자신의 삶에 대한 주도권은 잃어버리게 된다. 노자는 이렇게 말했다. "남들이 나를 어떻게 생각하는지 신경 쓰는 순간, 그들의 포로가 된다."

스포트라이트 법칙.
통제할 수 있는 것과 없는 것을 구분하라

지금부터는 실제로 통제할 수 있는 것과 그렇지 않은 것을 구별하는 연습을 해보자. 내 말에 따라 머릿속으로 상상해도 좋고, 종이와 펜을 준비해 직접 적어봐도 좋다.

먼저, 큰 원을 하나 그리고 그 안에 작은 원을 하나 더 그려라. 마치 도넛 모양처럼 보일 것이다. 바깥 원에는 삶에서 중요한 일이지만, 우리가 완전히 통제할 수는 없는 것들을 적는다. 가장 먼저 '다른 사람의 의견'을 적자. 우리는, 우리를 평가하는 타인을 결코 통제할 수 없다. 그 외에도 날씨, 응원하는 스포츠팀의 성적, 상사의 기분, 시장 상황, 직장 환경 같은 것들도 마찬가지다. 이 목록은 끝이 없을 정도로 길다.

이제 안쪽의 작은 원에는 우리가 온전히 통제할 수 있는 것들을 적는다. 예를 들어 출근 시간, 일에 쏟는 노력, 나의 생

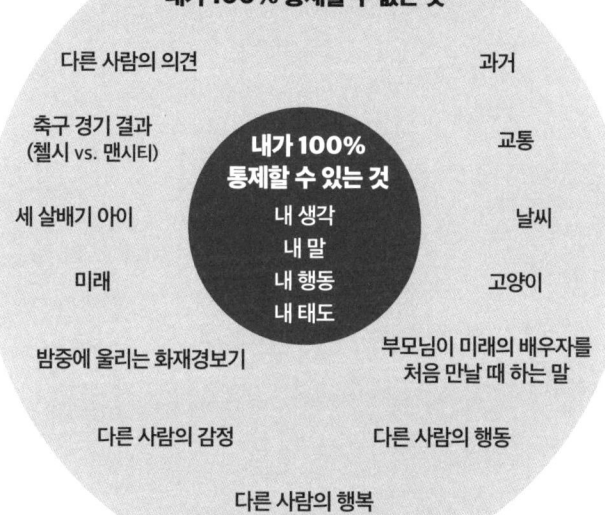

[그림 1-1] 내가 통제할 수 있는 것과 통제할 수 없는 것

각 등은 모두 스스로 결정할 수 있는 것들이다.

이제 스스로에게 물어보자. '내가 언제나 100% 통제할 수 있는 것은 무엇인가?' 그리고 '내 힘으로 어쩔 수 없는 것은 무엇인가?' 삶의 주도권을 되찾고 싶다면, 통제할 수 있는 일에 집중하라. 그것이 진정한 자유로 가는 첫걸음이다.

2장. 왜 나는 남의 시선을 떨쳐내지 못할까?
사랑받고 가치 있는 존재가 되기 위해

●

의견은 지성이 아닌,
감정이 좌우한다.
— 허버트 스펜서(사회학자)

그래미상을 수상한 미국의 뮤지션 모비와 대화를 나눈 적이 있다. 그는 외부의 인정과 칭찬이 주는 황홀감에 대해 이렇게 말했다.

음악을 막 시작했을 때 잡지 표지에 실린 제 모습을 보고 '와, 이게 바로 인정받는 거구나. 사람들이 날 알아봐. 내가 의미 있는 존재라는 거잖아. 사람들이 나를 좋아하네? 만난 적도 없는 친구들이 생겼어.'라고 생각했어요. 그래서 이후 15년 동안 사람들이 저를 어떻게 말하는지에 집착하며 살았죠. 정말 좋았거든요. 말하자면 술이나 마약에 빠지는 과정과 비슷했어요. 처음에는 남들이 인정해 준다면 제 모든 문제가 해결될 거라고 생각했습니다. 하지만 시간이 흐를수록 그런 생각이 저를 망가뜨린다는 걸 깨달았어요.[1]

모비는 단순한 뮤지션을 넘어 철학적인 시각을 가진 사람이었다. 시간이 흐르면서 그는 '타인의 의견'이 어떻게 작용하는지 그 본질을 꿰뚫어보게 되었다. 결국 그는 외부의 평가에 반응하는 삶에서 벗어나기로 결심했다.

꽤 오랫동안 대중의 시선을 받으며 살아왔어요. 이제는 사람들이 저를 어떻게 규정하든 신경 쓰지 않아요. 소셜 미디어의 댓글도 안 보고, 리뷰도 안 읽어요. 제 인터뷰 영상도 안 봐요. 이 모든 게 얼마나 비논리적인지 깨달았거든요. 제 말이 누군가에게 도움이 되었으면 좋겠어요. 자신의 가치와 감정 상태를 일면식도 없는 사람들에게 맡기고 있다고 생각해 보세요. 사람들이 나에 대해 어떻게 생각하는지를 계속 신경 쓰다 보면 정신적으로 건강할 수 없습니다.

모비는 자신을 잘 모르는 사람들의 평가에서 벗어나기로 하며 이렇게 말했다. "사람들이 반응하는 건 진짜 내가 아니라,

그저 사진이나 이미지일 뿐이니까요." 모비가 깨달았듯이 외부의 자극과 내적 반응 사이에는 '틈'이 존재한다.² 인간에게 주어진 가장 큰 특권은 바로 그 틈에서 어떻게 반응할지 선택할 자유와 힘을 지녔다는 점이다. 우리가 삶에서 일어나는 사건들을 통제할 수는 없어도, 그에 대한 태도와 반응은 선택할 수 있다. 반응을 의식적으로 선택하면, 자동화된 습관이나 고정된 행동 패턴에서 벗어날 수 있다.

모비는 처음엔 이런 문제가 연예인이나 정치인 같은 공인들에게만 해당된다고 생각했다. 그러나 이제는 스마트폰과 소셜 미디어 계정을 가진 모두가 '공인'이라는 사실을 깨닫게 되었다. "요즘은 누구나 공인이에요. 우리 동네 마트에서 일하는 계산원도 인스타그램 계정이 있어요. 팔로워가 20명밖에 안 되더라도 그 사람은 공인이에요."

이처럼 자신이 괜찮은 사람인지, 사회적으로 어떤 가치를 지니고 있는지 확인하기 위해 타인의 의견에 의존하는 현상은 디지털 시대에 더 흔해졌다. 그러나 불특정 다수의 의견을 자신의 가치를 가늠하는 기준으로 삼는 것은 매우 위험하다.

타인의 의견이 내면의 목소리보다 커질 때가 온다

인간은 본능적으로 다른 사람과 관계를 맺고 유지하려는 경향이 있다. 이러한 사회성은 모든 문화권에서 발견되며 인간을 규정하는 중요한 요소다. 진화적 관점에서 인류는 포식자로부터 자신을 보호하고 자원을 확보하기 위해 무리 지어 살아왔기 때문에 이것이 발달했다고 보기도 한다. 하지만 인간의 사회적 본성은 단순한 생존 욕구를 넘어선다. 연결되고자 하는 욕구는 정신적, 정서적 건강에 필수적이다. 우리는 사랑받고, 받아들여지고, 가치 있는 존재가 되기를 원하며, 이런 감정을 불러일으키는 관계를 추구한다.

생존과 번식이 사회적 관계에 달려 있었던 만큼, 인간은 자신이 사회에서 어떻게 받아들여지고 있는지 알아채도록 능력을 발전시켜 왔다. 듀크대학교의 심리학자이자 신경과학자인 마크 리어리(Mark Leary) 박사는 이런 거절과 수용에 대한 연구를 진행하다가 흥미로운 사실을 발견했다. 사람들이 타인에게 받아들여질 때 자존감이 높아지고, 거절당하면 자존감이 떨어지는 것이었다. 그러나 이 발견은 기존의 자존감 이론과 배치되었다. 전통적으로 자존감은 스스로가 자신을 어떻게 평가하느냐에 달려 있으며, 타인의 반응과는 무관하다고 보기 때문이다.

리어리는 이러한 불일치를 해소하기 위해 조금 더 깊이 연구했다. 우리의 자존감은 타인의 수용이나 거절에 왜 그렇게 민감하게 반응하는 걸까? 수십 년에 걸친 연구 끝에 그는 자존감에 대한 기존의 통념을 뒤집는 새로운 관점을 제시했다. 리어리에 따르면, 자존감은 자신에 대한 평가가 아니라, 타인이 나를 어떻게 바라보는지를 실시간으로 피드백하는 내적 지표다.[3] 그는 이것을 '사회적 측정기(sociometer)'라고 불렀다.

진화적 관점에서 자존감은 사회적 관계의 질을 모니터링하는 기능을 한다. 이 시스템은 타인이 우리의 행동에 보이는 반응을 감지하고 배제당할 위험이 생기면 경고 신호를 보낸다. 우리는 무의식적으로 행동하다가도 경고 신호가 울리면 즉각 의식적으로 상황을 평가하며 '내가 받아들여지고 있는가, 아니면 소외되고 있는가?' '관계를 유지하려면 내 행동을 바꿔야 할까?' 이런 질문을 스스로에게 던지며 대응 방안을 찾는다.

관계가 생존과 직결되었던 만큼 인간의 뇌와 몸은 사회적 관계에 자원을 집중하도록 정교하게 설계되어 있다. 따라서 거절을 피하고 수용을 강화하기 위해 주변의 신호를 끊임없이 읽는 것은 인간이라면 누구나 하는 정상적인 행동이다.

하지만 타인의 시선을 두려워하는 마음(FOPO)은 다르다. 리어리가 말한 사회적 측정기가 건강한 자존감을 유지하기 위한 시스템이라면, FOPO는 그 그늘이다. FOPO는 타인의 의견을 자신의 가치보다 과대평가하게 만든다. 자신의 가치를 스스로 결정하는 대신 타인에게 넘겨버리는 것이다. 이렇게 되면 우리는 타인이 매긴 평가에 따라 자신의 존재 가치를 느끼고 그 평가에 집착하게 된다. 즉 본능적인 생존 메커니즘이 왜곡되어 우리를 타인의 시선에서 자유로울 수 없게 만든다.

당신을 좀먹고 있는 두려움

FOPO는 타인의 부정적 평가를 피하고 관계에서 인정받기 위한 심리적·생리적·신체적 반응 메커니즘이다. 일반적으로 사람들은 실제 자신이 들은 피드백이나 내면의 목소리를 바탕으로 행동을 수정한다. 그러나 FOPO는 '혹시라도 나쁜 평가를 받을 수 있으니 미리 대처해야 해.'라는 식으로 실제로 무언가를 경험하거나 피드백을 받기도 전에 결과를 예측해 행동을 조정하려는 경향을 보인다.

FOPO는 타인의 인정을 받기 위해 끊임없이 주변을 탐색하고 확인하는 과잉 경계 상태로도 나타난다. 타인이 어떻게 생각할지에 과도하게 집착하며, 거절의 신호를 민감하게 감지하려 한다. 결국 FOPO는 타인의 생각을 해석하다 못해 상대의 몸짓, 미세한 표정 변화, 말, 침묵, 행동과 그 부재까지 모두 읽어내려 한다. 부정적인 평가 자체보다 그에 대한 두려움이 문제가 된 셈이다. 이러한 FOPO는 인간관계에 기반하지만, 그 경험 자체는 개인의 내면에서 발생한 심리적 현상이다. 즉 자신이 어떻게 보일지, 자신의 행동이나 선택이 어떻게 받아들여질지를 걱정하면서 형성된다.

FOPO는 우리가 생각하고 말하고 행동하는 방식을 결정짓는 보이지 않는 필터 역할을 한다. 그 결과 자신만의 가치관이나 선호를 기준으로 결정을 내리기보다 사회적으로 더 받아들여질 만한 행동을 하게 만든다. 이는 상당한 심리적 스트레스를 유발한다. 마치 컴퓨터 백그라운드에서 조용히 실행되며 메모리와 배터리를 소모하고 성능을 저하시키는 프로그램처럼, 우리의 내적 자원을 소모시킨다.

FOPO는 타인의 시선을 통제하려 하거나, 그들이 나를 어떻게 볼지 지나치게 신경 쓰며, 자신의 의견을 억누르고, 사과를 남발하거나, 비판받지 않기 위해 상대에게 맞추고, 스스로를 깎아내리며 장점을 축소하는 행동으로 이어진다. 자신을 억지로 바꾸거나, 부족하다고 느끼는 부분을 가리기 위해 지나치게 애쓰며, 계속해서 타인의 인정을 구하는 방식으로 나타나기도 한다. 이는 자신을 있는 그대로 받아들이지 못하고 타인의 기대에 맞추려는 강박으로 이어져 정신적 피로를 가중시킨다. 또한 신체적으로는 심박수 증가, 근육 긴장, 불안감 같은 반응을 동반해 결국 개인의 에너지를 고갈시키고 만다.

반복되는 악순환의 고리를 끊어라

상사와의 1:1 면담, 중요한 고객을 대상으로 한 프레젠테이션, 첫 데이트 상황을 떠올려보자. 누구나 한 번쯤 FOPO에 빠진 경험이 있을 것이다. 이 경우 상대의 말을 집중해서 듣거나 대화의 흐름에 자연스럽게 녹아들기 어렵기 마련이다. 그 이유는 FOPO가 '예측 → 확인 → 반응'의 순환적 심리·행동 패턴을 유발하기 때문이다. (그림 2-1 참조)

1. 예측 단계: 거절당하지 않기 위한 시나리오 작성

FOPO를 경험하는 사람들은 상대의 수용 여부를 가늠하려고 끊임없이 시나리오를 만들어낸다. '내가 이렇게 하면 괜찮을까?' '저 사람은 나를 어떻게 생각할까?' 같은 질문이 머릿속을 떠나지 않는 것이다. 상상력을 활용해 자신의 행동이 어떻게

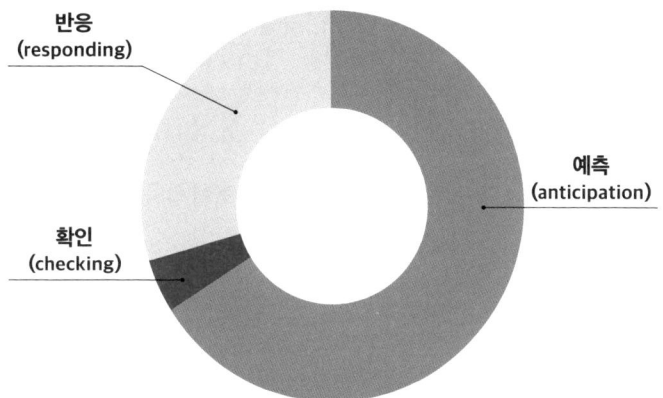

FOPO의 3단계
FOPO는 심리적·행동적 순환 과정을 유발하며, 이는 다음과 같이 구분된다.
a) 상황 이전 b) 상황 진행 중 c) 상황 이후.

[그림 2-1] FOPO의 단계

받아들여질지 미리 점검하지만, 그 때문에 정작 중요한 순간을 온전히 경험하지 못한다. 이들에게 중요한 것은 진정한 상호작용이 아니라 '상대에게 수용되기 위한 문제'를 해결하는 것이기 때문이다.

물론 타인에게 인정받고 싶어 하는 욕구는 인간 본성이다. 상사의 신뢰를 얻는 것은 경력에 중요하며, 연인에게 받아들여지는 것은 관계를 유지하는 데 필수적이다. 그러나 상대의 평가에 대한 지나친 집착은 의미 있는 관계를 형성하는 데 방해가 되고 만다. 그 결과 새로운 아이디어에 대한 호기심, 열린 태도, 그리고 설렘마저 사라지게 된다.

예를 들어 회의에서 자신의 의견 수용 여부에 집중한 나머지 아이디어의 장단점이나 팀 목표와의 적합성을 깊이 고려하지 못하는 것이다. 연인 사이에서도 상대의 평가에 집착하면 함께하는 순간의 즐거움을 온전히 누릴 수 없다.

물론 다른 사람의 의견을 이해하고 존중하는 것은 중요한 사회적 지능이다. 하지만 타인이 나를 어떻게 생각할지에 대한 걱정이 우리의 생각과 행동을 좌우하기 시작하면 문제가 된다. 창의적이고 생산적이며 보람 있는 일에 써야 할 상상력을 정작 우리가 통제할 수 없는 것에 쏟는 셈이다. 특히 FOPO의 예측 단계는 정신적 자원을 크게 소모한다.

무엇이 되었든 탁월해지려면 지금, 이 순간에 온전히 집중해야 한다. 그러나 FOPO로 인한 끝없는 걱정과 반추는 우리의 주의력을 분산시킨다. 이로 인해 집중력을 유지하기 어려워지고(이는 성장과 발전에 필수적이다.) 새로운 정보나 아이디어를 받아들이기 어려워진다. 또한 정신적 에너지를 빠르게 소모해 결국 더 많은 회복 시간을 필요로 하게 된다.

2. 확인 단계: 내가 받아들여지고 있는지 탐색

FOPO에서의 확인은 상호작용이 이루어지는 동안 나타난다. 상호작용 중에 사람들은 끊임없이 자신이 수용되고 있는지, 거부당하고 있는지 단서를 찾아 확인하려 한다. 대표적으로 타인의 미세한 표정 변화나 목소리의 톤, 상대의 몸짓 등 비언어적 신호 등을 살핀다. 구체적으로 한번 살펴보자.

○ **미세한 표정 변화**

순간적이고 무의식적으로 드러나는 표정이 상대가 우리를 어떻게 느끼는지 보여준다. 주로 눈, 입, 이마를 통해 상대방의 감정을 읽을 수 있다. 예를 들어 코를 찡그리거나 윗입술을 올리는 표정은 혐오감이나 경멸을 내포하고 반면 얇게 미소를 짓는 표정은 수용을 나타낸다.

○ **목소리의 톤**

목소리의 높낮이와 강약도 상대와의 관계를 암시한다. 예를 들어 단조로운 목소리는 무관심을 뜻할 수 있고, 활기찬 톤은 관심과 소통 의지를 나타낸다. 부드럽고 차분한 목소리는 공감과 배려를 전달하며, 날카롭거나 비판적인 톤은 상대가 불만을 느끼고 있음을 시사한다. 또한 목소리의 크기, 속도, 억양도 상대의 감정과 태도를 드러내는 중요한 단서가 된다.

○ **몸짓 언어**

말로 표현되지 않은 속마음을 읽을 수 있는 창과 같다. 직접적인 눈맞춤은 관심과 몰입을 의미하며 시선을 피하는 행동은 불편함이나 무관심을 나타낸다. 팔짱을 끼지 않은 열린 자세는 친근함과 수용을 암시하지만 팔짱을 끼거나 다리를 꼬는 자세는 방어적 태도를 의미할 수 있다. 또한 고개를 끄덕이면 동의를, 몸을 뒤로 젖히는 행동은 관심 부족을 의미한다.

○ **단어 선택**

상대의 단어 선택도 우리가 그들의 눈에 어떻게 비치는지를 알려준다. 예를 들어 '우리'나 '함께'와 같은 포용적인 언어는 소속감을 의미하고, '그들'이라는 표현은 배제를 암시한다. 상대가 대화 중에 우리의 이름을 부르는 것은 존중과 인정을 의미하지만, 잘못된 이름을 부르는 것은 상대가 우리를 중요하게 여기지 않는다는 신호일 수 있다.

이처럼 확인 단계에서도 주의력 소모는 상당하다. 상대의 표정, 목소리, 몸짓, 단어에서 자신에 대한 신호를 집요하게 찾아야 하기 때문이다. 더불어 이러한 과도한 신호 탐색은 우리의 지식, 기술, 아이디어를 충분히 발휘하는 것을 방해하며 진정성 있는 소통을 어렵게 만든다.

이는 마치 고속도로를 지나다 사고현장을 힐끗 보느라 정작 전방을 제대로 주시하지 못하는 상황과 같다. 물론 사고 현장을 보면서도 운전할 수는 있다. 하지만 기술적으로 사람은 한 번에 하나의 일에만 집중할 수 있다. 시선을 사고 현장에 두고 있든, 가고자 하는 길을 바라보고 있든, 둘 중 하나만 선택해야 한다.

주의력은 제로섬 게임이다. 누군가의 말투나 표정, 몸짓을 살피느라 에너지를 소모하면 정작 현재에 온전히 몰입할 시간은 줄어든다. 그런데 우리가 이런 단서를 읽고 해석하는 과정은 정확한 과학이라기보다는 부정확한 추론에 가깝다. 감정 상태, 어린 시절의 경험, 미숙한 사고방식, 인지적 편향, 문화적 차이에 영향을 받기 때문이다. 그리고 이후에 더 살펴보겠지만, 우리는 사실 이런 단서를 잘 읽어내지 못한다. 자주 실수하고 잘못 해석한다. 결국 우리는 애초에 잘하지도 못하는 일에 지나치게 많은 시간과 에너지를 쏟아붓고 있는 셈이다.

3. 반응 단계: 우리의 즉각적 반응

FOPO의 마지막 단계는 우리가 상대의 반응을 받아들인 후 어떻게 행동하느냐에 관한 것이다. '저 사람이 나를 긍정적으로 받아들이는가?' '나는 여기에서 인정받고 있는가?' 이 질문에 '그렇다.'라고 확신하면 FOPO의 순환은 잠시 멈춘다. 하지만 '아니다.' 혹은 '잘 모르겠다.'라고 느끼는 순간 FOPO는 다양한 방식으로 나타난다.

○ 자신을 억지로 맞추기

자신을 잃어버린 채 타인의 기대에 맞춰 행동한다. 겉으로는 사회적 기준에 적합해 보이지만 진짜 자아는 감추고 남의 시선을 의식한 연기를 하게 된다. 이런 방식은 일시적으로 불안을 해소할 수 있지만 진짜 모습을 공유하지 않기 때문에 진정으로 이해받거나 받아들여졌다는 기분은 들지 않고 가면을 유지해야 한다는 압박감은 점점 더 커진다. 더불어 자신의 본모습을 들킬지도 모른다는 두려움과 불안감이 증폭된다.

○ 사회적 규범에 순응하기

두 번째로 흔히 보이는 반응은 사회적 규범에 맞추려는 태도이다. 우리는 자신이 속한 개인, 집단, 사회의 기대에 맞춰 행동과 태도를 조정한다. 이러한 태도는 소속감과 인정받는 느낌을 주기도 하지만 독립적으로 사고하고 행동할 자유를 제한한다.

이를테면 다수의 의견에 반대되는 생각을 드러내길 꺼리거나, 영화·노래·활동에 대해 실제로는 다르게 느끼더라도 주변의 의견에 맞춰 좋아하는 척 혹은 싫어하는 척한다. 심지어 동의하지 않는 결정이나 행동에 무작정 따라가는 경우도 있다. 때로는 같은 정치적 견해나 신념을 가진 척한다. 이렇게 사회적 규범에 맞추려는 경향이 지나치면 불안, 우울과 같은 정신 건강 문제로 이어질 수 있다.

○ 갈등을 일으키기

세 번째 반응은 맞서 싸우는 태도이다. 우리는 갈등을 일부러 일으켜 타인의 반응을 살핌으로써 자신이 받아들여지고 있는지 배척당하고 있는지를 확인하려는 경향이 있다. 만약 많은 관심을 받으면 자신이 중요한 존재라고 느끼고 비판을 받으면 맞서 반격하기도 한다.

이런 대립적 접근은 때로는 은근한 방식으로 나타나기도 한다. 예를 들어 "난 사람들에게 인기가 없어."라고 자신을 낮추는 말을 던진 후, 주변에서 긍정적인 반응이 나오면 농담이었다는 듯 넘기는 식이다. 이는 거절에 대한 두려움을 시험해 보면서도 진심으로 인정받고 싶어 하는 마음을 드러내는 것을 피하는 방법이다.

○ 관계를 끊어버리기

관계를 끊어버리는 것도 거절당할 가능성에 대응하는 방식이다. 우리는 애매한 관계에서 거절당할지 모른다는 불안을 견디기보다 차라리 연인과의 관계를 끝내거나 친구·가족과의 연을 끊거나 혹은 직장을 그만두는 것을 택하기도 한다.

○ 내면의 기준에 따라 행동하기

마지막이자 가장 건강한 반응은 자기 내면에 집중하는 것이다. 이 경우 타인의 시선에 집착하는 순간을 오히려 자신을 더 깊이 이해하고 심리적 회복력을 기르는 기회로 삼을 수 있다. 예를 들어 FOPO를 다룬 책을 읽는 계기가 되는 것이다. 결국 우리는 FOPO의 신호를 감지할 때마다 타인이 원하는 내가 아닌, 내가 되고 싶은 사람에 집중하는 것이 가장 바람직하다.

FOPO로 빠지는 두 가지 길

타인의 시선을 의식하는 경향은 특정 상황에서 더 심화된다. 각자 처한 환경과 성격에 따라 차이는 있지만, 대부분의 사람이 FOPO에 빠지는 두 가지 주요 경로가 있다.(그림 2-2 참조)

1. 불안정한 자기 인식

가장 흔한 원인은 자기 인식의 부족이다. 자신이 누구인지에 대한 명확하고 긍정적인 이해가 부족하면 우리는 자신을 바라보는 기준을 내면에서 찾지 않고 외부에서 찾게 된다. 다시 말해 스스로를 어떻게 평가해야 할지 확신이 없을 때 타인의 시선을 통해 자신을 규정한다. '다른 사람들이 나를 어떻게 보느냐가 곧 나의 가치'라고 여기는 것이다.

이런 사람들은 타인의 의견에 과도한 무게를 두고, 상대의 반응에서 인정받고 있는지 또는 거절당하고 있는지를 끊임없이 확인한다. 그 결과 자신의 판단보다 외부의 피드백에 의존하게 된다.

2. 성과 중심의 정체성

두 번째 요인은 성과 중심의 정체성이다. 이는 자신의 가

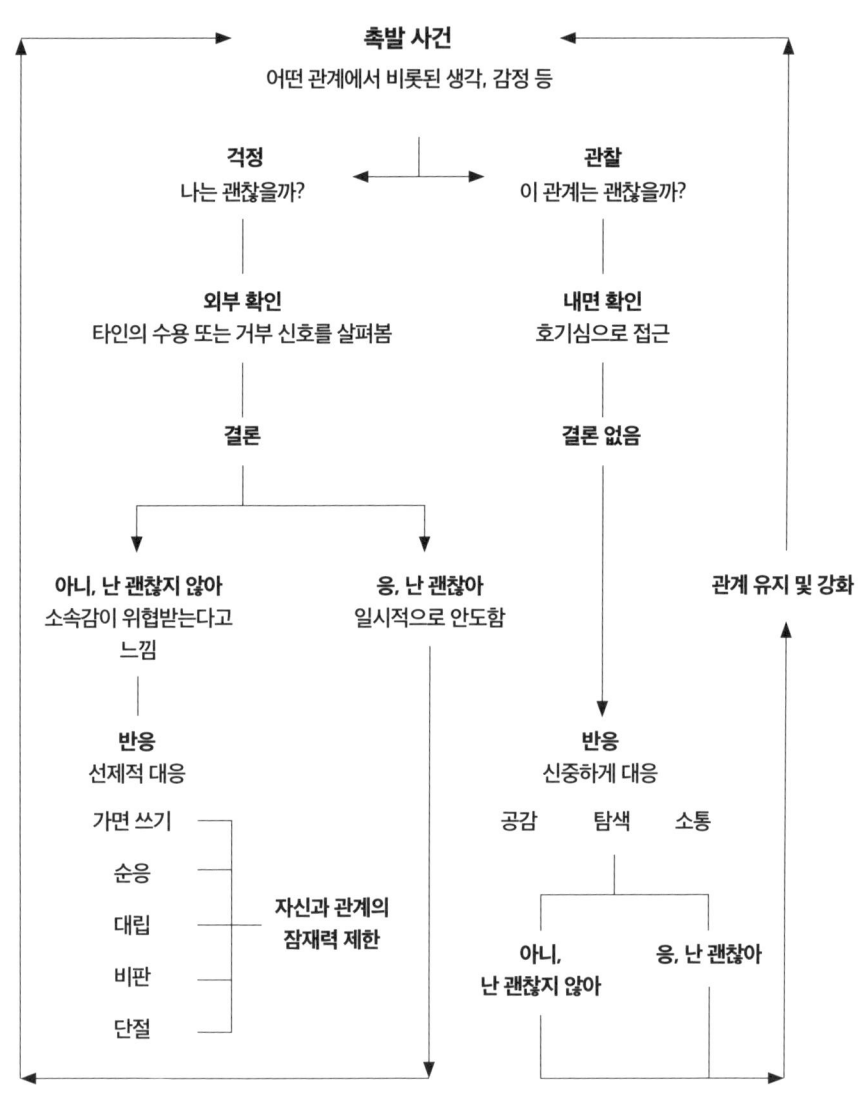

[그림 2-2] FOPO 강화 혹은 관계 강화

치를 성과로 규정하는 태도를 의미하며, 4장에서 더 자세히 다룰 것이다. 성과 중심의 정체성을 가진 사람은 자신을 독립된 존재로 인식하기보다, 타인과의 비교 속에서만 자신의 가치를 판단한다. 즉 스스로의 내면보다는 자신에게 주어지는 평가를 더 중요하게 여긴다. 이런 태도는 타인의 기대에 부합해야 한다는 강박으로 이어지고, 타인의 시선을 의식하는 경향을 더욱 강화한다.

스포트라이트 법칙.
당신을 불편한 상황으로 내던져보라

자신이 FOPO에 얼마나 영향을 받고 있는지 제대로 이해하려면 의도적으로 불편한 상황을 만들어 자신의 반응을 관찰해보라. 간단하게 실험할 방법을 소개한다.

○ 불편한 옷 입기
옷장에 있는 옷 중에서 너무 작거나 유행이 지난 옷을 골라보라. 입었을 때 스스로 매력이 떨어진다고 느껴지는 옷이면 좋다. 그 옷을 입고 (사회적) 불편함이 극대화될 만한 장소로 나가라. 예를 들면 직장 행사나 사교 모임 혹은 사람들이 붐비는 식당에서 혼자 식사해보라.

○ 자신의 생각 관찰하기

실험은 옷을 고를 때부터 시작된다. 그 순간 떠오르는 생각에 주목하라.

'이건 너무 창피해. 그냥 편한 옷을 입는 게 낫지 않을까?'

'내가 이렇게 입고 가면 사람들이 어떻게 볼까?'

이처럼 불편한 상황을 회피하려는 마음이 드는지, 아니면 호기심을 가지고 경험을 해보고 싶은지를 관찰하라. 또한 스스로에게 어떤 말을 하는지도 기록해라. 중요한 점은 판단하지 말고 그저 있는 그대로 자신의 반응을 지켜보는 것이다.

○ 사회적 상황에서의 반응 살피기

불편한 옷을 입고 사람들이 있는 장소에 도착했을 때, 자신의 '행동'을 의식하라. 다른 사람들의 시선을 지나치게 의식하는가? 자신의 불안감을 덜기 위해 주변 반응을 끊임없이 살피는가? 이 과정에서 자신이 얼마나 FOPO에 영향을 받고 있는지 깨닫게 될 것이다.

○ 자신의 행동 패턴 점검하기

마지막으로 사회적 상황에서 자신이 보이는 행동 패턴을 관찰하라. 더 잘 보이려고 과하게 웃거나 지나치게 친절하게 구는가? 상대가 무관심하거나 덜 호의적일 때 불안하거나 불쾌함을 느끼는가? 혹은 그런 상황에서도 별다른 동요 없이 자유롭고 편안한가?

이 실험을 단순한 놀이처럼 가볍게 접근하지 않기를 바란다. 이는 스스로를 알아가는 기회가 되고 FOPO가 당신의 삶에 어떠한 영향을 미치는지 이해하는 데 도움이 될 것이다.

이 실험을 통해 당신은 타인의 시선에서 벗어나 자신의 가치와 정체성을 내면에서 찾는 연습을 하게 된다. 중요한 것은 FOPO의 신호를 두려워하지 말고, 이를 더 나은 자신을 향한 성장의 계기로 삼는 것이다.

3장. 두려움의 메커니즘
두려움을 통제하기 위해 알아야 할 것

-
용기는 두려움이 없는 상태가 아니라 두려움을 극복하는 것이다.
용감한 사람은 두려움을 느끼지 않는 사람이 아니라,
그 두려움을 정복하는 사람이다.
— 넬슨 만델라(흑인 대통령)

다음 중 기량을 뽐내는 대결에서 누가 가장 큰 스트레스를 받을 것 같은가?

① 프로 골퍼
② 티칭 프로
③ 주말에 친구들과 가볍게 골프를 즐기는 아마추어

나는 이 질문에 대한 답을 찾기로 했다. 신경과학자 레슬리 셰를린(Leslie Sherlin) 박사와 함께 3단계로 구성된 압박 테스트를 설계하고 각 단계에서 골퍼들의 뇌파 및 심박수 변화를 측정했다. 실험을 통해 신체적 반응을 관찰하는 동시에 참가자들에게 질문을 던져 그들이 압박 상황에서 사용하는 심리적 전략을 파악하고자 했다.

1단계. 평상시처럼 편하게 퍼팅하기

첫 번째는 저압박 상황이었다. 그린 주변에 약 30cm부터 약 4.5m까지 18개의 공을 배치한 후 각 골퍼에게 공을 홀에 넣도록 했다. 이곳에는 나와 참가자만 있었으며 주변의 방해 요소는 없었다.

모든 골퍼는 심박수와 뇌 활동이 약간 상승한 모습을 보였다.[1] 그중에서도 미국프로골프(PGA) 투어 프로인 리키 파울러는 18개의 공 중 15개를 성공시키며 가장 뛰어난 성과를 보였다. 퍼팅이 끝난 후, 나는 리키에게 "방금 한 퍼팅에 대해 어떻게 평가하나요?"라고 물었다. 그는 이렇게 답했다.

"열일곱 번은 잘 쳤어요."

나는 의아해하며 말했다.

"하지만 홀에 들어간 건 열다섯 번뿐인데요."

리키는 주저하지 않고 대답했다.

"맞아요. 하지만 내가 신경 쓰는 건 결과가 아니라 내가 통제할 수 있는 과정이에요. 열여덟 번 중 열일곱 번은 내 의도대로 쳤어요. 그게 중요한 거죠."

그의 대답에서 결과가 아닌 과정에 집중하는 사고방식을 엿볼 수 있었다.

2단계. 카메라 앞에서 퍼팅하기

두 번째 단계에서는 압박감을 높이기 위해 그린 옆에 대형 카메라 두 대를 설치하고, 골퍼 가까이에서 촬영하는 핸드헬드 카메라 두 대를 추가로 배치했다. 카메라의 용도나 영상을 볼 대상에 대한 설명은 일절 하지 않았다.

리키는 처음에 심박수와 뇌 활동이 급상승했지만 빠르게 평정심을 되찾고 이전과 비슷한 성과를 유지했다. 아마추어 골퍼도 심박수와 뇌 활동이 다소 증가했지만 크게 흔들리지는 않았다. 그는 이 경험을 "재미있고 흥미로웠어요. 마치 프로 선수가 된 것 같았어요."라고 표현하며 긍정적으로 받아들였다.

그러나 티칭 프로는 전혀 다른 반응을 보였다. 카메라 앞에서 플레이하는 것에 익숙하지 않았던 그는 심박수가 급격히 상승한 채로 유지되었고 성과는 현저히 떨어졌다. 그는 고개를 저으며 말했다. "완전히 엉망이었어요. 카메라로 촬영하는 걸 미리 알았으면 좋았을 텐데요. 프로답지 않았어요."

3단계. 관중 앞에서 경쟁하며 퍼팅하기

마지막 단계에서는 골퍼들이 처음으로 서로 대면했다. 여기에 두 가지 압박 요소를 추가했다. 관중을 초대해 지켜보게 한 것이다. 그리고 자선기금 마련을 위한 퍼팅 대결로 경쟁을 유도했다.

결과는 이전 단계와 거의 동일했다. 리키 파울러는 자신의 심리 기술을 활용해 외부 소음과 내부 잡념을 차단하고 심박수를 안정적으로 유지하며 감정을 통제했다. 주말에 친구들과 가볍게 골프를 즐기는 아마추어 골퍼는 여전히 즐거움과 호기심으로 접근하며 결과에 집착하지 않았다. 반면 티칭 프로는 압박감에 짓눌려 계속해서 부진한 모습을 보였다. 그렇다면 왜 티칭 프로는 압박에 더 취약했을까?

그는 자신을 '전문가'와 과도하게 동일시하고 있었기 때문이다. 카메라, 관중 그리고 자신보다 뛰어난 프로 선수의 존재가 그에게는 정체성에 대한 위협으로 다가왔다.

'사람들이 나를 형편없는 골퍼라고 생각하면 어쩌지?'

'내가 사기꾼처럼 보이면 어쩌지?'

이러한 생각들이 두려움을 증폭시켰다. 더 큰 문제는 자신을 괴롭히는 생각의 정체를 자각하지 못했기 때문에, 이를 제어할 수 없었다는 점이다. 결국 그는 생존 모드에 빠져들고 말았다. 그저 평화로운 플로리다의 한 골프장에서 벌어진 일이었을 뿐인데도 말이다.

본능적이고 필수적인 반응

사람들이 타인의 시선을 두려워하는 이유를 이해하려면, 먼저 두려움 자체가 어떻게 작동하는지 알아야 한다. 두려움은 본래 생존을 위한 진화적 적응 반응이다. 위험을 감지하면 즉각적인 대응을 유도해 생명을 보호하는 것이 그 역할이다. 원시 시대의 인간은 포식자로부터 자신을 방어하고 외부 침입에 맞서야 했기에 집단에 소속되어 협력하는 것이 필수적 생존 방식이었다.

두려움은 생존에 유리한 전략이었다. 덤불에서 무언가 움직이는 소리가 들릴 때 도망쳤는데 그것이 호랑이가 아니라 작은 동물이었다고 해도 손해 볼 것은 없었다. 그러나 위험 신호를 무시했다가 진짜 호랑이를 만난다면 생명을 잃을 위험이 있었다.

사회에서도 마찬가지다. 집단의 규범에 맞춰 행동하는 것은 안전을 보장했지만, 집단에서 배제되면 생존 가능성은 크게 줄어들었다. 자연 상태에서 혼자 살아간다는 것은 "고독하고, 가난하며, 불쾌하고, 거칠고, 짧은 삶"을 의미했기 때문이다.²

자연 선택에 의해 인간의 뇌는 위협을 예민하게 감지하도록 설계되었고, 이 두려움의 메커니즘은 수백만 년에 걸쳐 깊숙이 각인되었다. 오늘날에도 우리는 여전히 그 유산을 안고 살아가고 있다.

두려움은 신체와 인지의 작용이 결합된 감정이다. 위협을 감지하면 몸은 본능적으로 반응한다. 이를 '위협 반사(threat reflex)'라고 하는데, 이는 우리가 의식하기도 전에 자동으로 이루어진다. 우리가 두려움을 느끼면 반드시 스트레스 반사와 연관된 몇 가지 신체 반응이 뒤따른다. 어떤 상황을 중요하다고 인식하는 순간, 뇌 양쪽에 위치한 아몬드 모양의 편도체가 시상하부에 경고 신호를 보내고 그러면 시상하부는 교감 신경계를 활성화한다. 이 과정에서 아드레날린이 분비되어 심박수가 증가하고 혈류량이 늘어나며 간에서 대량의 포도당이 방출된다.³ 소화 기관의 혈류는 줄어들고, 혈액은 팔과 다리의 근육으로 집중된다. 이로 인해 신체는 즉시 싸우거나 도망칠 준비를 한다.⁴ 반면 소화 기능은 우선순위에서 밀려나 제대로 작동하지 않기 때문에 위는 혈류와 산소가 부족해지고, 그 결과로 속이 울렁거릴 수 있다.⁵

뇌는 몸이 긴장 상태에 돌입한 것을 감지하고 체온 조절을 위해 땀샘을 활성화한다. 피부가 땀 때문에 미끄럽게 변하면 상대가 잡기 어렵기 때문이다. 더불어 혈관이 수축하고 심장이 더 강하게 뛰는데 그동안 호흡은 더 빨라지고 얕아진다. 이 과정에서 팔다리에 혈액이 집중되면서 근육이 긴장하고 몸이 과도하게 활성화되면 팔다리가 무거워지는 느낌을 받는다.

턱도 자연스럽게 긴장된다. 이는 무의식적으로 물거나 방어할 준비를 하는 과정이다.[6] 동시에 외부의 불필요한 자극을 차단하고 중요한 정보에만 집중하게 된다. 그러나 근육 긴장이 심해지면 손가락 움직임이나 성대처럼 정교한 미세 운동 기능은 저하된다.[7] 그래서 위협을 느끼는 상황에서 피아노를 치거나 노래를 부르거나 또는 활을 쏘고 연설을 하는 것이 어렵게 느껴지는 것이다.

생존을 돕던 것이 족쇄가 되다

지금까지 타인의 시선을 두려워하는 이유를 알기 위해 두려움의 본디 역할을 알아봤다. 그리고 이제는 그 두려움을 다스리기 위해서 알아야 할 두려움의 생물학적 메커니즘을 이야기하려 한다. 두려움의 핵심 목적은 우리를 안전하게 보호하는 것이다. 그런데 흥미로운 것은 이 시스템이 특정한 위협이 아니어도 반응한다는 점이다. 이 감정은 위협을 느끼면 매우 일반적인 방식으로 작동하지만, 특정한 자극이 아니더라도 언제든지 활성화될 수 있다.

이 반응은 두 가지 요인에 의해 촉발된다. 첫째는 과거의 기억이고, 둘째는 현재의 경험이다. 뇌는 이전 경험에서 얻은 기억을 체계적으로 저장하고 필요할 때 이를 빠르게 꺼내 쓴다. 하버드 의과대학 정신의학 교수 케리 레슬러(Kerry Ressler) 박사는 이렇게 말한다. "이 기억은 우리를 보호하기도 하지만, 때로는 위험 요소가 되기도 합니다."[8]

보호적 기억은 위험을 피하는 데 도움을 준다. 예를 들어 거센 파도에 휩쓸렸다가 가까스로 구조된 경험이 있다면 다시는 무모하게 깊은 바다에 들어가지 않을 것이다. 반면 어떤 기억으로 과도한 경계심이 유발되는 경우 우리의 행동을 지나치게 제한해 문제를 일으키기도 한다.

우리의 두려움은 고전적 조건 형성을 통해 학습된다. '파블로프의 개 실험'으로 잘 알려진 러시아 생리학자 이반 파블로프(Ivan Pavlov)[9]는 우리가 자극과 반응을 연결해 학습한다는 사실을 우연히 발견했다. 처음에 개들은 눈앞에 먹이가 놓였을 때만 침을 흘렸다. 하지만 시간이 흐를수록 먹이가 도착하기 전, 특정 소리에 반응해 침을 흘리기 시작했다. 이에 착안한 파블로프는 실험을 설계했다.

그는 먹이를 주기 직전에 종을 울렸다. 처음엔 종소리에 아무 반응을 보이지 않았던 개들이, 반복적으로 종소리와 먹이가 함께 주어지자 나중엔 종소리만 듣고도 침을 흘리기 시작한 것이다. 이 과정에서 '중립 자극(종소리)'이 '조건 자극'으로 바뀌었다. 먹이(무조건 자극)가 자동으로 침을 흘리게 했고, 종소리(조건 자극)가 반복 학습을 통해 동일한 반응을 유발하게 된 것이다.

인간의 두려움도 이와 유사한 방식으로 형성된다. 그런데 인간의 경우 긍정적 경험보다 부정적 경험을 더 쉽게 학습한다. 비대칭성이 존재하는 것이다. 파블로프의 개들은 여러 차례의 반복 학습을 거쳐 반응을 보였지만, 인간은 단 한 번의 강렬한 경험으로도 깊은 두려움이 형성될 수 있다.

가령 중학교 시절 수업 시간에 발표하다 얼어붙었던 경험이나 SNS에서 공개적으로 망신을 당한 사건, 배우자의 부정을 발견한 순간, 거의 익사할 뻔한 경험, 전 재산을 투자한 와중에 심각한 금융 위기를 겪었던 기억 등은 단 한 번의 경험으로도 평생 가는 두려움이 된다.[10] 이러한 비대칭성은 진화적 관점에서 설명되는데,[11] 역사적으로 위험에 민감하게 반응한 사람들이 생존 확률이 높았기 때문이다. 따라서 두려움을 빠르게 학습하는 것은 생존에 유리한 특성으로 자리 잡았다.

그러나 두려움은 단발성 사건으로만 형성되는 것은 아니고[12] 오랜 시간 반복된 경험도 강력한 영향을 미친다. 예를 들어 학교에서 지속적으로 따돌림을 당한 학생은 대인관계에 대한 두려움을 느끼고 직장에서 정서적 학대를 당한 직원은 권위에 대한 불신을 키우게 된다. 이처럼 두려움은 본래 생존을 돕기 위해 설계되었지만, 지나치게 활성화되면 우리의 삶을 제한하는 족쇄가 되기도 한다. 하지만 아무래도 상관없다. 두려움을 이해하고 그것이 형성되는 메커니즘을 아는 것으로서 두려움을 극복하는 첫걸음을 뗀 것이니까.

최고의 선수가 느끼는 공포

우리는 두려움을 한순간에 사라지게 해줄 마법의 알약이 있기를 바란다. 하지만 현실은 그렇지 않다. 현재 사용되는 치료법, 예를 들어 우울증 치료를 위한 선택적 세로토닌 재흡수 억제제인 프로작이나 졸로프트 혹은 혈압을 낮추는 베타 차단제 같은 약물은 공포 반응의 신경생물학적 메커니즘을 직접적으로 겨냥한 것이 아니다. 이런 약들은 두려움과 관련된 증상을 완화할 수는 있지만, 근본적인 공포 시스템 자체를 변화시키지는 않는다.

현재까지 부적응적인 두려움 반응을 다루는 데 가장 널리 사용되는 심리 치료법은 인지행동치료(CBT)와 수용전념치료(ACT)이다. 특히 인지행동치료의 한 기법인 노출 치료(Exposure Therapy)는 강한 공포를 다루는 데 효과적인 방법으로 알려져 있다. 이 치료법은 심리학자가 안전한 환경을 조성한 상태에서 환자가 두려워하는 상황이나 대상에 점진적으로 노출되도록 유도하는 방식이다. 이를 통해 환자는 해당 자극에 대한 과민 반응을 줄이거나 궁극적으로는 공포 반응을 완전히 없앨 수도 있다.

나는 스포츠 심리학자로서 선수들이 이와 같은 두려움을 극복하도록 돕고 있다. 그리고 야구 역사에 길이 남을 투수와 이 과정을 함께한 적이 있다. 그는 메이저리그 베이스볼에서 각 리그 최고의 투수에게 수여하는 사이영상(Cy Young Award) 수상자였고 경기장에서 누구보다 강인해 보였다. 하지만 그는 남들의 평가와 비판에 대한 극심한 불안에 시달리고 있었다. 그래서 우리는 그와 함께 체계적 둔감화를 진행했다. 이는 공포를 점진적으로 마주하면서 불안을 조절하는 치료법이다.

가장 먼저 나는 그가 두려움을 어떻게 경험하는지 이해해야 했다. 이를 위해 몇 가지 질문을 던졌다

- 당신에게 성공과 실패는 어떤 의미인가요?
- 야구는 당신의 정체성과 얼마나 깊이 연결되어 있나요?
- 숨이 가빠지고 심장이 빨리 뛰곤 하나요?
- 불안정한 느낌을 받나요?
- 속이 불편하거나 소화에 문제가 있나요?
- 밤에 잠을 이루지 못하나요?
- 종종 머릿속이 복잡해지고 생각이 많아지곤 하나요?
- 집중력이 흐트러지나요?
- 작은 일에도 쉽게 흔들리나요?
- 최악의 상황을 상상하며 걱정한 적이 있나요?
- 결정을 내리는 데 어려움을 겪나요?
- 건망증이 있나요?

그는 신체적 증상과 정신적 증상을 모두 경험하고 있었다. 머릿속에서는 끊임없이 투구 메커니즘을 분석했고 타자를 거를까 고민했으며 심지어 점심 메뉴조차 결정하기 힘들어했다.

그의 불안은 단순한 심리적 반응을 넘어 근육 경직, 땀 과다 분비, 심박수 증가 같은 생리적 문제로까지 이어졌다.

야구에서 공을 던지는 행위는 단순해 보이지만, 사실 시속 158km의 강속구를 18.44m 거리에서 작은 스트라이크 존에 정확히 꽂아 넣어야 하는 정밀한 작업이다. 그런데 손에 땀이 차고 근육이 뻣뻣해지고 심장이 미친 듯이 뛴다면? 이는 단순한 불안이 아니라 경기력을 심각하게 저해하는 요소였다. 그의 뇌는 과도한 스트레스 호르몬을 분비했고, 그 결과 그는 자신의 기량을 온전히 발휘하지 못하고 있었다.

그에게 물었다. "이 불안이 삶에 어떤 영향을 미치는지 알고 계세요?" 불안이 자신에게 주는 대가를 정확히 이해하는 것은 매우 중요하다. 그것이 변화하고자 하는 동기가 되기 때문이다. 나는 그의 눈을 바라보며 말했다. "제가 체계를 잡아드릴 수는 있지만 결국 이 과정을 해내는 건 본인이에요. 만약 이 과정을 기꺼이 받아들이신다면 두려움을 극복할 수 있습니다."

그리고 그에게 동기가 될 말을 이어나갔다. "야구뿐만 아니라 삶의 전반에서 새로운 태도를 가질 수 있는 힘을 가지고 계세요. 마운드에 오를 때마다 스스로를 증명해야 한다고 생각하지 말고, 더 가볍고 자유로운 마음으로 경기를 즐길 수도 있어요."

그의 표정은 한순간에 밝아졌고 눈썹이 올라가며 입가에 미소가 번졌다. 그는 깊이 숨을 들이마셨다가 천천히 내쉬며 말했다. "정말 가능할까요? 이 불안에서 벗어날 수 있다는 말씀이세요?"

나는 고개를 끄덕이며 말했다. "지금까지 마운드에서 가장 좋았던 순간을 떠올려 보세요." 그는 한동안 생각에 잠겼다가 조용히 입을 열었다. "프로에 갓 입단했을 때였어요. 야구장이 거대한 캔버스처럼 느껴졌어요. 좀 이상하게 들릴 수도 있지만, 마치 예술 작품을 만들어가는 느낌이었어요. 하얀 라인을 넘어 그라운드로 들어서는 순간, 모든 게 사라지고 오로지 야구만 존재했어요. 그때 저는 제 기량을 100% 믿었고 머릿속이 맑았어요. 어떤 잡념도 방해도 없었어요. 팀원들과도 완전히 연결된 느낌이었고 말로 이끄는 리더보다는 행동으로 이끄는 리더였죠. 그때 야구가 너무나 좋았어요."

나는 대화를 다른 방향으로 돌렸다.

"아이를 갖고 싶으세요?"

"네, 물론이죠."

"좋아요, 당신에게 14살 난 아들이 있다고 상상해보죠. 그런데 어느 날 그 아이가 다가와서 이렇게 물어요. '아빠, 정말 힘들 때가 있어요. 너무 벅차서 포기하고 싶을 때도 있고, 아직

해야 할 것이 많다는 걸 알지만 그냥 도망가고 싶을 때도 있어요. 아빠도 그런 적 있어요?'라고요."

그는 조용히 고개를 끄덕였다. 그때 아들이 바라보면서 도움을 요청하고 있다고 상상해보기를 권하니 그의 눈가가 촉촉해졌다. 그리고 말을 이었다. "사이영상을 받은 그다음 해가 최악이었어요. 불안이 너무 심했죠. 집에서도, 클럽하우스로 가는 차 안에서도, 덕아웃에서도…. 마운드 위에서 5만 명의 관중이 나를 보고 있는데 그저 숨고 싶었어요."

나는 다시 물었다. "그럼 그 순간을 아들에게 어떻게 설명해주고 싶으세요? 어떤 이야기를 들려주고 싶으세요?" 그는 의자에 몸을 깊이 기대고 한참 동안 생각에 잠겼고, 이내 나를 바라보며 조용히 말했다. "솔직히 잘 모르겠어요. 두려움을 극복하면 자유로워질 거라는 말, 머리로는 이해하지만 지금은 그렇게 느껴지지 않아요. '그래, 아빠도 힘들었지만 내면의 두려움을 마주하고 극복했단다. 그래서 삶이 한결 자유로워졌어.'라고 말하고 싶은데 지금은 그 말을 온전히 믿을 수가 없어요."

우리는 한동안 말없이 앉아 있었다. 그리고 마침내 그가 입을 열었다. "그래도 해볼게요. 선택의 여지가 없어요. 반드시 해내야 해요."

두려움을 넘어

그에게 먼저 심리와 생리 반응의 연결 구조부터 이해시켰다. 그의 몸이 나타내는 반응이 본능적인 보호 및 생존 메커니즘이라는 점도 설명했다. 이러한 개념을 정리하자 그는 자신의 정신과 신체가 유기적으로 작용한다는 것을 받아들였고, 두려움에 대한 반응 자체는 정상적이라는 사실을 깨달았다. 동시에 자신의 직업 특성상 지속적인 두려움 반응이 오히려 부정적 결과를 불러온다는 점도 인식하게 되었다.

이제 보다 구체적인 심리 훈련으로 넘어갔다. 모든 훈련의 핵심 원칙은 '내가 통제할 수 있는 것에 집중하기'였다. 이를 바탕으로 우리는 그에게 최적화된 자기 대화 방식을 만들고, 심박수를 안정시키기 위한 호흡 훈련을 포함한 이완 기법을 개발했다. 또한 심상 훈련을 통해 머릿속에서 가능한 한 생생한 이미지를 떠올릴 수 있도록 연습했다. 오감을 모두 활용해 실제처럼 느껴지는 장면을 만들어내는 것이 목표였다. 이뿐만이 아니었다. 의도적으로 자신을 '스트레스 상황'에 놓이게 하는 일련의 활동도 설계했다. 이렇게 하면 배운 심리 기술을 실전에서 적용하는 연습이 가능했다.

일주일간 심리 훈련을 거친 후, 본격적인 체계적 둔감화 훈련을 시작할 준비가 되었다. 시작하기 전, 그는 다음과 같은 '계약서'에 동의했다.

> 나는 곧 의도적으로 나의 두려움과 마주할 것이다. 이 과정은 단계별로 두려움을 경험하도록 설계되었으며, 나는 각 단계에서 배운 심리 기술을 활용해 두려움을 조절할 것이다. 또한 어떤 상황에서도 두려움에 휩싸인 채로 훈련을 중단하지 않을 것을 서약한다. 그렇게 할 경우 오히려 두려움이 더욱 강화될 가능성이 높다는 점을 이해하고 있다. 나는 각 단계에서 두려움을 이완 상태로 전환할 수 있을 때까지 끝까지 버틸 것이다.

서약은 그가 목표로 삼은 자유를 얻기 위해 온전히 최선을 다할 것을 다짐하는, 반드시 거쳐야 할 통과의례였다. 우리는 '이완 지수 2'를 목표로 설정했다. 1이 완전히 이완된 상태이고 10이 극심한 공황 상태라고 할 때, 각 단계에서 최소한 2의 수준까지 긴장을 낮추어야 다음 단계로 넘어갔다.

우리는 훈련을 시작했다. 그는 자신이 작성한 두려움 목록을 꺼냈고, 심박수 변화를 모니터링하기 위해 가슴에 심박수 측정용 스트랩을 단단히 고정했다.

"준비되셨나요?"

그가 미소를 지으며 깊이 숨을 들이마셨다.

"박사님, 이 순간을 얼마나 고대했는지 말로 다 표현할 수 없네요."

우리는 자세를 바로잡았고, 그는 눈을 감으며 마음을 다잡았다. 처음으로 그는 운전해서 경기장으로 가는 순간을 머릿속에 떠올렸다. 불과 20초도 지나지 않아 그의 호흡이 빨라졌고 심박수도 점점 증가했다. 얼굴이 붉어지며 피부 온도가 상승했다. 머릿속으로 경기장으로 향하는 상황을 상상하는 것만으로도 그는 마치 실제로 그곳에 있는 듯한 반응을 보였다.

"지금 이완 지수가 어느 정도인가요? 1에서 10까지 표현한다면요?"

그는 곧바로 답했다.

"6 정도요."

"좋아요. 이제 심리 기술을 활용해 보세요. 편안해질 때까지 연습하고, 완전히 이완되었다고 느껴지면 말씀해 주세요. 호흡을 가다듬고 미소를 지어보세요. 지금 잘하고 계세요."

그는 천천히 심호흡을 반복했다. 그러자 눈가와 입가에 자연스러운 미소가 번졌다. 몇 분 후 그가 말했다.

"이제 괜찮아요. 완전히 편안해졌어요."

심박수를 확인해보니 평소의 안정적인 상태로 돌아와 있

었다. 각 단계에서 목표로 하는 '성공'은 바로 이 지점이었다.

체계적 둔감화: 두려움을 극복하는 과정

체계적 둔감화란 불안과 이완을 동시에 경험할 수 없는 원리를 이용하는 기법이다. 두려움을 유발하는 자극에 점진적으로 노출시키면서 이완 기법을 병행하여 불안 반응을 점차 없애는 것이다. 자극은 다음 자극으로, 그리고 또 그 다음 자극으로 단계적으로 이어가고, 목표는 스트레스를 유발하는 요인에 점진적으로 둔감해지도록 하는 데 있다. 이 과정은 '상호 억제 원리(reciprocal inhibition)'에 기반하며, 두려움 같은 부적응적 반응 대신 적응적인 반응을 학습하는 것이 핵심이다.

그는 머릿속에서 각 단계의 상황을 떠올리는 상상 노출 훈련을 마친 후, 이를 현실에서 적용하는 실제 노출 훈련으로 전환했다. 다시 말해 이번에는 실제 경기장에 가서 같은 방법으로 두려움을 극복하는 연습을 했다.

그는 이 훈련을 완벽하게 해냈다. 대부분의 엘리트 선수들은 불편함을 감수하는 능력이 뛰어나다. 성장과 발전을 위해 낯선 환경에 기꺼이 몸을 던지고 도전을 즐긴다. 그는 이러한 특성을 활용해 두려움이라는 장애물을 뛰어넘었다. 훈련이 힘들고 고통스러웠지만 끝까지 버틴 덕분에 그는 새로운 마인드셋을 형성할 수 있었다. 그는 아무리 힘들고 지치는 훈련이라도 충분히 버텨낼 수만 있다면 새로운 마인드셋을 구축할 수 있을 거라고 믿었다. 그리고 실제로 그렇게 해냈다. 결국 그는 자신의 두려움을 이겨냈다.

며칠 후, 그는 다시 마운드에 올랐다. 그의 이름이 호명되자 카메라는 그를 비췄다. 예전 같았으면 '지옥 같은' 마운드로 향하는 시간이었겠지만, 이제 그는 가볍게 뛰어가며 환하게 웃고 있었다. 마치 열 살짜리 아이가 리틀리그 경기장으로 향하는 것처럼. 그리고 그는 모자를 벗어 관중을 향해 인사했다. 오랜 시간 그를 억눌러온 사회적 불안에서 벗어난 순간이었다.

스포트라이트 법칙.
스스로를 알아야 극복할 수 있다

사람들의 평가를 두려워하는 마음은 오래전부터 연구되어 왔다. 1969년 로널드 프렌드(Ronald Friend)와 데이비드 왓

슨(David Watson)은 '부정적 평가에 대한 두려움 척도(Fear of Negative Evaluation Scale)'를 개발했다. 이는 사회적 불안을 측정하는 30개 항목의 자기 평가형 설문지이다.[13]

우리는 이와 유사한 타인의 시선에 대한 두려움(FOPO) 평가 도구를 개발했다. 다만 FOPO는 임상적 장애가 아닌, 일반적인 심리적 경향을 측정하는 도구이다. 혹시 본인의 FOPO 수준을 알고 싶다면 무료로 평가받을 수 있다.

이 평가 기법은 사회불안장애나 기타 심리적 장애를 진단하기 위한 검사가 아니다. 만약 사회불안장애 증상이 일상생활에 지장을 줄 정도로 심각하다고 생각된다면 정신 건강 전문가나 의사의 상담을 받아 진단 기준에 해당하는지 확인해보는 것이 바람직하다.

FOPO ASSESSMENT를 클릭하라.
번역 기능을 활용하면 손쉽게 참여할 수 있다.

2부

FOPO의 해독제

4장. 정체성의 함정에서 벗어나라
직업도, 성과도, 통장 잔고도 당신을 말해주진 않는다

●
세상은 당신이 누구인지 묻는다.
이에 스스로 답하지 못한다면,
세상이 대신 규정해줄 것이다.
— 카를 융(정신의학자)

1997년 미국 프로 농구(NBA) 결승 1차전. 4쿼터. 경기 종료까지 9.2초. 유타 재즈의 에이스이자 당시 리그 MVP였던 칼 말론이 자유투 라인에 섰다. 서부지구 1위를 차지한 유타 재즈는 마이클 조던이 이끄는 시카고 불스와 맞붙었다. 불스는 2년 연속 우승이자 최근 일곱 시즌 동안의 다섯 번째 우승을 노리고 있었다. 이번 시리즈에서 우승하면 NBA 역사상 가장 위대한 왕조 중 하나로 자리매김할 순간이었다.

당시 점수는 82 대 82였다. 경기는 말론의 손에 달려 있었다. 말론은 11회 올스타에 빛나는 전설적인 선수였고, NBA 역사상 가장 많은 자유투를 성공시킨 선수로 기록될 인물이었다.

그의 자유투 성공률은 74%에 달했다. 두 개 중 하나만 넣어도 재즈가 리드를 잡는다. 남은 시간 동안 조던의 기적 같은 플레이만 나오지 않는다면, 재즈가 승리하며 홈코트 이점을 가져갈 수 있다. 모든 선수가 꿈꾸는 순간이었다.

NBA 파이널. 쏟아지는 조명과 열광하는 관중, 지금까지 흘린 땀과 혹독한 훈련, 수없이 반복한 연습이 모두 이 순간을 위해 존재하는 것 같았다. 당시 데저렛 뉴스의 스포츠 칼럼니스트였던 브래드 록은 이렇게 회상했다.[1] "말론이 자유투 라인으로 걸어갈 때, 경기장은 귀청이 터질 듯한 함성으로 가득 찼어요. 며칠 동안 그때의 소리가 귓가에서 떠나질 않았죠."

상대편 관중들은 일제히 일어나 고함치고, 흰색 응원봉을 흔들며 말론을 방해했다. 하지만 말론은 프로 중의 프로였다. '우편 배달부'라는 별명답게 항상 꾸준하게 득점을 배달하는 선수였다.

그때, 조용히 다가오는 한 사람이 있었다. 불스의 스몰 포워드 스코티 피펜이었다. 트래쉬 토크(trash talk, 스포츠 분야에서 상대방을 비난하거나 모욕하는 발언을 의미하며, 주로 심리전의 일환으로 사용된다.-옮긴이)를 즐기는 마이클 조던처럼 떠들썩하게 알려진 선수는 아니지만, 언제나 뒤에서 팀을 받쳐주는 강한 존재감을 지닌 인물이었다. 그는 자유투 라인으로 걸어가며 말론에게 낮게 한마디 던졌다.

"칼, 우편배달부는 일요일엔 배달하지 않잖아."

타이밍도 완벽했고, 멘트도 절묘했다. 말론은 평소처럼 했다. 공을 바닥에 튀기고, 두 번 돌려 공중으로 띄웠다. 자세를 잡고 몸을 앞뒤로 흔들었다. 아내와 딸의 이름을 중얼거린 후 슛을 쐈다.

탕.

첫 번째 슛이 림을 맞고 튕겨 나갔다.

여전히 82-82.

관중들은 광분했다. 말론은 깊은 한숨을 내쉬며 자유투 라인을 벗어났다. 표정에는 짙은 실망감이 서려 있었다. 그는 다시 한 번 라인으로 돌아왔다. NBC 중계진의 목소리조차 관중의 함성에 묻혀버릴 정도로 함성은 더욱 커졌다. 말론은 다시 한번 루틴을 반복했다. 공을 튀기고, 돌리고, 자세를 잡고, 몸을 흔들고… 그리고 슛을 쐈다.

슛은 다시 한번 빗나갔다. 믿을 수 없는 상황이었다. NBA 역사상 뛰어나다고 손꼽히는 선수가, 그것도 중요한 순간에 연달아 자유투를 놓치다니. 경기의 흐름은 단숨에 불스 쪽으로 기울었다. 타임아웃 후, 여전히 9.2초가 남아 있는 상황에서 마이클 조던이 공을 받았다. 조던은 유타의 브라이언 러셀을 정면으로 마주 보며 드리블을 했다. 그리고 버저가 울리기 직전, 정확한 점프슛을 꽂아 넣으며 경기를 끝냈다. 이후 불스는 5경기 만에 시리즈를 끝내며 우승을 차지했고, 피펜의 짧은 한마디는 NBA의 전설적인 트래쉬 토크로 남았다.

말론이 자유투를 놓친 이유는 정확히 알 수 없다. 피펜의 말 때문이었을까? 아니면 경기 내내 데니스 로드맨과의 격렬한 몸싸움에 지쳤기 때문일까? 혹은 서부 결승전에서 손바닥에 입은 부상 때문이었을까? 그저 운이 나빴을 수도 있다. 그 누구도 확실히 알 수 없다. 말론 자신조차도. 그는 절대 변명하지 않는 선수였다.

그러나 이 장면이 수십 년이 지난 지금까지도 회자되는 이유는 분명하다. 말론은 그 시대를 대표하는 선수 중 한 명이었고 어떤 상황에서도 흔들리지 않을 것 같은 강철 같은 존재였다. 그런 그가 단 한 문장을 들은 뒤 무너졌다.

"우편 배달부는 일요일엔 배달하지 않아.(The mailman doesn't deliver on Sundays.)"

우리는 NBA 선수처럼 엄청난 압박 속에서 살아가진 않는다. 하지만 우리 역시 상사의 한마디, 친구의 평가, 부모의 기대에 영향을 받으며 흔들린다. 왜 우리는 남의 말에 이렇게 취약할까? 무엇이 이렇게 불안하게 만드는가?

당신을 무엇이라고 정의하는가?

어떤 방식으로 자신을 정의하느냐에 따라 타인의 말 한마디가 화살처럼 날아와 우리를 꿰뚫는다. 예를 들어 '나는 팀에 꾸준히 득점을 배달해주는 우편 배달부다. 그런데 배달하지 못하면 나는 누구인가?' 이처럼 정체성이 흔들리는 순간, 우리는 불안의 늪에 빠진다.

정체성이란 각자의 경험과 신념, 가치관, 기억, 문화 속에서 형성된 주관적인 자아이다. 신체적·심리적으로 누구와도 완전히 동일하지 않은, 고유한 존재를 의미한다. 동시에 정체성은 타인과의 관계나 비교를 통해 만들어지기도 한다. 결국 정체성은 복잡한 사회 속에서 자신의 위치를 이해하는 기준이 된다.[2]

우리는 본능적으로 자신을 세상과 연결 지어 정의한다. 타인에게 '나'라는 존재를 명확하게 인식시키고 싶고, 그러면 불확실성을 줄이고 세상에서 자신의 자리를 보다 분명하게 자리매김할 수 있기 때문이다.[3] 이는 마치 허공에서 떨어질 때 잡을 밧줄과 같다. 하지만 그 정체성이 진정 본인의 모습이 아니면서 '이게 바로 나야.'라고 확신하는 순간 우리는 큰 대가를 치르게 된다. 정체성이 온전히 내면에서 비롯된 것이 아니라 외부에서 주어진 것이라면 더욱 그렇다.

인종, 국적, 성별, 가족, 직업, 신념, 관심사, 종교 등 다양한 요소에서 정체성은 비롯된다. 하지만 그중 어느 하나만으로 우리의 정체성을 완전히 정의할 수 없다. 또한 이러한 범주 속에 포함된 역할만으로도 정체성을 규정할 수 없다. 예를 들어 사제, CEO, 어머니, 조종사, 작가, 학생, 운동선수, 기업가 같은 직업과 역할은 우리가 '하는 일'이지, 우리가 '누구인가'를 의미하지 않는다. 물론 이러한 역할이 정체성 형성에 영향을 미치기는 한다. 하지만 그것이 곧 우리의 전부는 아니다.

영화 「파이트 클럽」에서 타일러 더든은 이렇게 말한다. "넌 너의 직업이 아니야. 은행 잔고도 아니고, 네가 모는 차도 아니야. 지갑 속 신용카드도 아니고, 비싼 브랜드 바지도 아니야."[4] 우리는 결국 그저 '나 자신'일 뿐이다. 우리가 다양한 경험을 하며 자신의 새로운 모습을 알아가면서 정체성은 변화한다. 그리고 그 과정에서 얻게 된 깨달음을 삶에 어떻게 적용하느냐에 따라 정체성은 더욱 깊어진다.

루이스 캐럴의 『이상한 나라의 앨리스』에서 주인공 앨리스는 토끼 굴을 따라 환상의 세계로 빠져든다. 몸이 커졌다 작아졌다를 반복하며 혼란스러운 변화를 겪던 중, 애벌레가 앨리스에게 묻는다.

"너는 누구니?"

앨리스는 당황한 듯 대답한다.

"나는… 지금은 잘 모르겠어. 아침까지만 해도 알았는데, 그동안 몇 번이나 변한 것 같거든."[5]

정체성이란, 우리가 신체적으로나 내적으로 변하더라도 과거의 나, 현재의 나, 그리고 미래의 나를 하나로 이어주는 어떤 연속적인 흐름을 의미한다.[6]

과연 한 사람의 정체성을 규정하는 것은 무엇일까? 호르헤 마리오 베르고글리오를 아는가? 그는 젊은 시절 바텐더와 청소부로 일했고 부에노스아이레스의 화학 실험실에서 원료를 관리하는 기술자로도 일했다. 훗날 그는 13억 명이 넘는 신도를 이끄는 세계적인 지도자가 되었다. 2013년 교황이 된 그는 '프란치스코'라는 이름을 선택하며 새로운 사명을 받아들였다.

그렇다면 베르고글리오는 과거의 그와 완전히 다른 사람이 된 것일까? 아니면 여전히 같은 사람일까? 과거의 '나'와 현재의 '나', 그리고 미래의 '나'를 이어주는 본질적인 요소는 무엇인가? 결국 정체성이란, 우리가 '나는 누구인가?'라는 질문에 답하는 방식이다.

어떤 일을, 어디서, 얼마나 잘하는지는 중요하지 않다

과거에는 정체성이 지금처럼 큰 고민거리가 아니었다. 사람들은 대개 한곳에 머물며 살아갔고 작은 공동체 안에서 서로를 쉽게 알아볼 수 있었다. 그리고 주어진 정체성을 당연하게 받아들였다. 당시에는 이름 또한 정체성을 반영하는 중요한 요소였다.

영국은 1066년 노르만 정복 이후부터 성(姓)을 본격적으로 사용하기 시작했다. 인구가 증가하면서 사람들을 구분할 필요성이 커졌기 때문이다. 1381년, 리처드 2세 치하에서 시행된 인두세 기록에 따르면 당시 대부분의 영국 가정이 세습 성을 갖고 있었다.[7]

영국의 한 연구팀은 2011년 영국 인구조사에서 100명 이상이 공유한 성씨를 6년 동안 추적 조사했다. 그 결과 성씨는 크게 네 가지 유형으로 나뉘었다. 먼저 지리적 특징을 반영한 성씨가 있었다. 언더힐(Underhill)은 언덕 아래 사는 사람을, 포드(Ford)는 강을 건너는 곳 근처에 사는 사람을, 앳워터(Atwater)는 호숫가에 사는 사람을 뜻했다. 두 번째로 직업과 관련된 성씨가 많았다. 대장장이였던 사람들은 스미스(Smith), 빵을 굽던 사람들은 베이커(Baker), 궁수였던 사람들은 아처(Archer)라는 성을 갖게 되었다. 세 번째로 부계 혈통을 반영한 성씨도 있었다. 예를 들어 존 데이비드슨(John Davidson)은 '데이비드의 아들 존'이라는 의미였다. 마지막으로 신체적 특징이나 성격을 반영한 성씨도 있었다. 키가 컸던 사람은 롱펠로우(Longfellow), 피부가 창백했던 사람은 릴리화이트(Lilywhite), 쾌활한 성격을 가졌던 사람은 메리맨(Merriman)이라는 성을 가졌다.

이처럼 과거에는 출신 지역이나 직업, 혈통이 정체성을 규정하는 중요한 요소였다. 하지만 오늘날, 과거에 정체성을 형성하는 데 중요한 역할을 했던 전통적인 요소들이 점차 힘을 잃고 있다.[8] 사람들은 점점 더 자주 이사를 다니며 한 공동체에 뿌리를 내리는 경우가 줄어들었고, 종교를 정체성의 일부로 여기는 사람도 점차 줄어들고 있다.[9] 이처럼 기존의 정체성이 흐려지는 상황에서 사람들은 새로운 방식으로 스스로를 정의하려 하고 있다.

오늘날 우리는 성과 중심 문화 속에 살고 있다. 단순히 직장에서의 성과뿐만 아니라, 학교, 스포츠, 심지어 SNS에서도 '얼마나 잘하는가'가 중요한 기준이 되었다. 우리가 얼마나 성취하는지가 곧 정체성이 되는 사회인 것이다.

이러한 변화는 비즈니스 세계에서도 뚜렷하게 나타난다. 과거 기업들은 직원들에게 더 많은 업무를 요구하며 생산성을 높였다. 하지만 지금은 다르다. '어떻게 하면 직원들이 최고의 성과를 낼 수 있을까?'가 기업의 핵심 고민이 되었다. 기업들은 이제 임직원들의 잠재력을 극대화하는 것이 혁신적이고 민첩한 조직을 만드는 핵심 전략이라고 믿는다.

기술의 발전도 성과 중심 사회로의 변화를 더욱 가속화했다. '측정할 수 없으면 개선할 수도 없다.' 이 철학 아래 우리는 이제 모든 것을 측정하고 기록하는 시대를 살고 있다. 디지털 기기와 애플리케이션이 인간의 성과를 세밀하게 분석하며, 우리가 살아가는 방식까지 바꾸고 있다. 우리가 하루에 얼마나 자는지, 몇 칼로리를 섭취하는지, 시간을 어떻게 관리하는지, 업무 흐름과 생산성이 어떤지, 소셜미디어에서 얼마나 활동하는지(좋아요, 팔로워 수, 댓글, 도달률까지), 심지어 몇 번 숨을 쉬고, 얼마나 오래 숨을 참을 수 있는지까지 측정된다. 이제 모든 것이 숫자로 환산된다.

이러한 성과 집착 문화는 스포츠 업계에도 영향을 미쳤다. 오늘날 청소년 스포츠 산업은 점점 프로 스포츠와 비슷한 방식으로 운영된다. 개인 코치를 고용하고 끊임없이 훈련하며 부모들은 자녀가 '1만 시간의 법칙'을 도달해 성공할 것이라는 믿음 아래, 아이들을 혹독한 경쟁에 내몰고 있다.[10] 하지만 이는 잘못된 고정관념에 불과하다.

성과에 대한 집착은 자기계발 시장에서도 그대로 드러난다. '대가의 비밀'이나 '성공 법칙'을 담은 책들이 베스트셀러가 된다. 대형 컨설팅 기업들은 '지속 가능한 성과'를 내도록 돕는다고 홍보하고, 유명 강사들은 온라인 강의에서 자신만의 성공 공식과 마인드를 전수한다. 또 온갖 'Top 10 리스트'와 '고성과를 향한 지름길'이 쏟아지지만, 사실 그런 건 존재하지 않는다.

우리는 점점 더 '전문가'가 되어간다. 우리 문화는 개개인의 탁월함과 전문성을 극도로 강조한다. 과거에는 생존을 위해 사냥하고 농사를 짓고 집을 짓고 가족을 돌보는 등 다양한 기술이 필요했다. 하지만 이제는 다르다. 기술 발전 덕분에 사람들은 특정 분야에 깊이 몰입할 수 있는 환경이 주어졌고 이제는 '한 가지'만 잘하면 된다. SNS 전문가나 주식 투자 천재, 육아 전문가처럼 사회는 점점 더 '특정 분야에서 뛰어난 사람'을 요구하고 우리는 그런 사람이 되기 위해 노력한다.

하지만 한 가지 질문이 남는다. '성과와 업적만으로 나를 정의할 수 있을까?' 그 답을 찾기 위해 우리는 다시금 정체성의 본질을 고민해야 한다. 우리는 자신을 '어떤 일을 하는가'(직업 정체성) 또는 '어디에서 일하는가'(조직 정체성)로 정의하기도 한다. 성과 중심 정체성(performance-based identity)을 가진 사람들은 '내가 얼마나 잘하는가'를 기준으로 자신을 규정한다. 그러기 위해 자신의 성과를 타인과 비교하며 스스로를 평가한다. '나는 이 분야에서 대부분의 사람보다 뛰어나.'라는 식이다. 이처럼 우리는 타인과의 관계 속에서 자신을 정의한다.

미국 서던캘리포니아대학교 연구 교수이자 발달심리학자인 벤 홀트버그(Ben Houltberg)는 "성과 중심 정체성은 세 가지 요소로 형성됩니다. 조건부 자존감, 실패에 대한 두려움, 그리고 완벽주의입니다."라고 설명했다.

우리는 이렇게 생각한다. '성과만 내면 기분이 좋아질 거야.' '이 책이 출간되면….' '그 계약을 따내면….' '승진하면….' 이렇게 자존감은 성과와 결과에 따라 달라진다. 그런데 문제는, 하나의 목표를 달성해도 곧바로 다음 목표가 기다린다는 것이다. '성과를 내야만 가치 있는 사람'이라는 믿음은 끝없는 루프에 빠지게 만든다.

물론 뛰어난 성과를 추구하는 것은 중요하다. 우리는 도전적인 목표를 달성하면서 스스로를 성장시키기도 하니까. 하지만 '내 가치를 증명하기 위해' 성과를 쫓는다면 상황이 달라진다. 이런 경우 실수, 실패, 타인의 평가, 비판이 성장의 기회가 아니라 위협으로 다가오기 때문이다.

자신의 가치를 성과로 판단하는 사람들은 실패할 가능성이 있는 도전은 피하려 한다. '내가 하는 일이 곧 나 자신'이기 때문이다. 성과가 좋지 않으면 존재 자체가 위협받는 것처럼 느껴지기 때문에 이들은 실패할 것 같은 상황을 피한다. 하지만 이는 자신의 한계를 시험해볼 기회를 잃는 것이다. 완벽주의는 건강한 성장 욕구라기보다는 타인의 평가를 피하려는 방어 기제에 가깝다.[11] '성과가 좋지 않으면 인정받지 못할 거야.'라는 두려움이 작동하는 것이다.

성과 중심 정체성을 가진 사람들은 남들이 자신을 어떻게 볼지를 끊임없이 고민하며 반응한다. 그 과정에서 자신을 성찰하기보다는 타인의 시선에 의해 자동적으로 움직인다. 그들의 머릿속에는 이런 생각들이 빠르게 스쳐 지나간다. '사람들이 나를 어떻게 생각할까?' '내 실적이 떨어지면 무능해 보일까?' '혹시 나를 평가절하하지 않을까?' 이런 생각들은 너무 빠르고 즉각적으로 작동해서, 정작 본인이 불안과 두려움 때문에 이런 반응을 보이고 있다는 사실조차 인식하지 못한다. 벤 홀트버그 교수는 이렇게 말한다. "성과 중심 정체성은 직업에만 국한되는 것이 아니에요. 이 사고방식은 우리의 삶 전반에 걸쳐 영향을 미칩니다."[12] 일터에서뿐만 아니라 인간관계, 심지어 육아 방식에서도 나타난다는 것이다. "이 문제를 해결하지 않으면 결국 '나는 성과로 증명되지 않으면 아무것도 아니다.'라는 사고방식에 사로잡히게 됩니다."

성과 중심 정체성을 가진 사람들은 객관적으로 뛰어난 성과를 내는 경우가 많다. 하지만 그들의 정체성은 외부의 인정, 예를 들어 다른 사람들의 칭찬이나 상사의 평가, 대중의 반응으로 지탱된다. 문제는 이 방식이 지속 가능하지 않다는 것이다. 언젠가 한계가 왔을 때, 즉 성과 중심 정체성이 무너지는 순간, 그들은 이렇게 느낀다.

'나는 누구인가?'

결국 자신의 존재 의미가 사라진 것 같은 공허함이 찾아올 것이다. 성과 중심 정체성을 자기 효능감(self-efficacy)과 혼동해서는 안 된다. 자기 효능감이란 특정 과제를 수행할 수 있다는 믿음을 의미한다.[13] 반면 성과 중심 정체성은 과제를 수행한 '결과'에 따라 자기 자신을 규정하는 사고방식이다.

성과 중심 정체성이 다른 직업적 정체성과 다른 점 중 하나는 특정 조직이나 직무에 국한되지 않고, 회사나 직업이 바뀌어도 유지된다는 것이다. 특히 직업과 역할을 자주 바꾸는 현대사회에서는 이러한 성향이 더욱 두드러진다.

성과는 정체성이 아니다

성과는 내가 누구인가를 '표현'하는 방식이지, 내가 누구인가를 '결정'하는 기준이 아니다. 성과 중심으로 자신을 정의하는 것은 모래 위에 집을 짓는 것과 같다. 삶에서는 어떤 일이든 언제고 변할 수 있기 때문이다. 그런데도 성과와 타인의 인정에 자신의 가치 기반을 둔다면 언제 무너질지 모르는 불안 속에서 살아갈 수밖에 없다. 성과를 내는 것보다 더 중요한 것은 성과에 흔들리지 않는 자존감을 갖는 것이다.

우리는 특히 어릴 때 성과 중심 정체성에 갇히지 않도록 조심해야 한다. 심리학에서는 이를 '정체성 유실(identity foreclosure)'이라고 한다. 이는 충분한 탐색과 고민 없이 너무 이른 시기에 특정 정체성을 확립하는 것을 일컫는다. 사람이 자신의 정체성을 형성하는 데 중요한 시기는 12세부터 18세까지다. 이 시기에 우리는 자신이 누구인지 찾아가기 시작한다. 다양한 음악을 들어보고 새로운 친구를 사귀며 여러 활동을 경험한다. 자신에 대한 새로운 생각을 시험해보는 시기다.

그러나 이 과정을 충분히 거치지 않은 어린 운동선수나 예술가 혹은 성적이 우수한 학생들이 자신을 특정 활동과 동일시하는 경우가 많다. 칭찬받는 그 순간에 머물러버리는 것이다.

예를 들어 사람들은 유명한 어린 운동선수나 연예인의 실력이나 외모를 보고 가치를 부여한다. 그렇게 가치를 정립한 이들이 어느 날 자신이 예전의 실력을 발휘하지 못하게 되었을 때, 자신은 세상에 어떤 가치를 제공하는지에 대한 혼란이 생긴다.

'나는 운동선수다.'

이 말은 겉으로는 평범해 보이지만 성장 가능성을 막는 위험한 선언이 될 수 있다. 성과가 정체성의 전부가 되어버리면 실패할 때마다 자신을 부정하게 되기 때문이다. 또 어린 나이에 뛰어난 성과를 내는 경우 자신이 누구인지 고민할 기회를 놓치기 쉽다. 대부분의 시간을 자신이 잘하는 한 가지 활동에 집중하며 시간을 보내다 보면 주변 사람들도, 대화도 자연스럽게 그 활동에 맞춰지기 때문이다. 연습은 어땠는지, 경기 결과는 좋았는지, 공연은 어땠는지, 성적은 잘 나왔는지 같은 이야기들뿐이다.

정체성을 확립하는 것은 혼란스러운 과정이다. 그러니 자신을 특정 역할로 규정하는 것이 더 쉬울 수 있다. 특히 칭찬과 관심을 받을 때면 '나는 운동선수다.' '나는 무용수다.' '나는 바이올리니스트다.' '나는 우등생이다.' 같은 정체성이 더욱 강하게 고착화된다. 하지만 이런 정체성이 단단할수록 무너질 위험도 크다.

내가 진행하는 「파인딩 마스터리(Finding Mastery)」 팟캐스트에서, 5개의 올림픽 금메달을 딴 수영선수 미시 프랭클린과 이 문제에 대해 이야기한 적이 있다.[14] 미시는 2012년, 17세의 나이에 올림픽에서 금메달 4개와 동메달 1개를 획득하며 세계적인 스타가 되었다. 하지만 그녀의 말을 통해 부모가 딸이 특정 정체성에 갇히지 않도록 노력했음을 알 수 있었다.

"저는 단순히 '수영선수 미시'가 아니었어요. 먼저 '부모님의 딸 미시'였고 그다음이 '친구 미시' 그리고 '수영선수 미시' '학생 미시' 같은 다양한 모습이 있었죠. 부모님은 제가 수영 실력 외에도 세상에 기여할 수 있는 것이 많다는 걸 알게 해주셨어요."

하지만 이런 미시조차도 정체성 유실에서 완전히 자유로울 수는 없었다. 성과가 떨어지면 이런 정체성의 기반은 무너진다. 스포트라이트가 꺼지고 찬사가 잦아들며 다른 누군가가 시상대에 오를 때 정체성은 취약성을 드러낸다. 미시는 4년 후 2016년 리우 올림픽에서도 금메달을 땄지만, 전성기 때만큼의 성과를 내지는 못했다. 그리고 그때 처음으로 정체성이 흔들리는 경험을 했다.

"처음으로 진짜 실패를 경험했어요. 그리고 깨달았죠. 제 자아 정체성과 자기 가치가 얼마나 수영에 의존하고 있었는지를요. 수영이 저에게서 사라지자, 제 세계가 송두리째 흔들렸어요."

부모가 의도적으로 정체성을 분산시키려 했던 아이, 미시조차도 이런 혼란을 겪는다. 그렇다면 부모나 주변의 배려 없이 어릴 때부터 한 가지 정체성에 고착된 사람은 어떨까? 초기 성공은 종종 정체성 유실을 부추긴다. 어린 나이에 좋은 성과를 거두면, 자신이 세상에 어떤 가치를 제공하는지 헷갈릴 수 있다.

흔들리지 않는 내면을 만드는 법

성과에 의존하여 자신의 가치를 규정하면 그 이미지를 유지하기 위해 엄청난 에너지를 소모하게 된다. 심리학자 홀트버그 박사는 이렇게 설명한다. "성과 중심 정체성의 가장 큰 문제는, 이를 유지하기 위해 끊임없이 인지적·행동적 노력을 기울여야 한다는 점입니다."[15]

즉 우리는 자신이 만든 정체성을 지키기 위해 무의식적으로 스스로를 파괴하는 행동을 하기도 한다. 혹은 결과가 기대에 미치지 못할 경우를 대비해 변명거리를 만들어 두기도 한다. 예를 들어 중요한 발표를 앞두고 열심히 준비했다. 그런데 발표 전날 밤에 가족 행사가 있어 늦게까지 시간을 보내게 되었다. 그리고 다음 날 발표가 원하는 대로 되지 않았다.

그럼 이렇게 말한다. "어제 너무 늦게까지 놀았어. 그러지 말았어야 했는데." 이 말의 숨은 의미는 이렇다. '내 실력이 부족해서 발표를 망친 게 아니라, 어젯밤에 놀아서 그랬던 거야.' 즉 스스로 핑곗거리를 만들어 진짜 실력을 시험할 기회를 피하는 것이다. 이런 식으로 우리는 실패의 책임을 외부 요인으로 돌리고 자기 정체성을 지키려 한다.

그 외에도 정체성이 흔들릴 위기를 막기 위해 다양한 전략을 사용한다.

- 나를 비판하는 사람의 의견을 깎아내린다.
- 반박할 논리를 만들어낸다.
- 자신이 듣고 싶은 정보만 선택적으로 받아들인다.
- 불편한 사실은 무시한다.

이처럼 성과 중심 정체성은 지속 가능하지 않다. 그리고 성과를 기준으로 살면 매일이 생존 싸움이 되고 만다. 우리 뇌는 원시 시대부터 생존을 위해 위협을 감지하도록 설계되었다.

하지만 뇌는 육체적 위협과 사회 위협을 구분하는 능력이 떨어진다. 예를 들어 중요한 경기나 발표를 앞두고 있을 때, 뇌와 교감 신경계는 마치 덩굴 속에 숨어 있는 호랑이를 만난 것처럼 반응한다. 심장 박동이 빨라지고 근육이 긴장하며 스트레스 호르몬이 분비되는 것이다.

그러나 원래 이런 반응은 순간적인 생존을 위해 설계된 것이다. 우리는 하루 종일 검투사가 되어 싸우도록 만들어지지 않았다. 그럼에도 성과 중심 정체성에 사로잡힌 사람들은 하루 종일 호랑이에게 쫓기는 상태로 산다.

이제 질문해보자. '당신은 성과로 규정되는 삶을 살 것인가, 아니면 더 넓은 정체성을 가질 것인가?' 타인의 시선에 대한 두려움(FOPO)을 극복하는 가장 강력한 방법은 흔들리지 않는 내면을 갖는 것이다. 자신이 누구인지 분명히 알고 있으면 타인의 의견이 위협이 되지 않는다. 우리의 정체성은 무엇을 하느냐가 아니라 내가 누구인가에 기반해야 한다. 어떤 성과를 내느냐, 누구와 함께하느냐, 어디에서 하느냐가 아니라 진짜 '나' 자신이 중심이 되어야 한다.

비교신화학자 조지프 캠벨(Joseph Campbell)은 이렇게 말했다. "인생 최고의 특권은 자기 자신이 되는 것이다."**16** 강한 내면을 만들려면 자신에게 집중하는 대신, 자신을 내려놓아야 한다. FOPO에서 벗어나는 길은 자신을 낮추는 것이 아니라 자신을 덜 의식하는 것이다. FOPO는 자기 자신을 기준으로 사고하는 데서 비롯된다. 항상 나 자신을 신경 쓰기 때문에, 다른 사람들의 시선이 더 크게 다가오는 것이다. 이 문제를 해결하려면 본인에게 향하는 시선을 거두고 배움과 목적에 전념하는 삶으로 돌려야 한다. 그렇게 하면 자기 자신과 세상을 바라보는 방식이 완전히 달라진다.

불편한 의견을 똑바로 응시하라

배움을 정체성의 일부로 받아들이면 우리는 기꺼이 성장할 수 있다. 실수와 무지를 인정할 수 있는 자유가, 그리고 여유가 생기기 때문이다. 지금 이 순간도 완전히 새로운 순간이므로 우리는 늘 새롭게 배울 준비가 되어 있어야 한다.

배움이란 자신이 알고 있는 것에 집착하지 않고 모르는 것을 받아들이는 자세다. 이는 선불교(禪佛敎)의 비유에 잘 드러난다.

한 제자가 유명한 스승을 찾아와 불교를 배우고 싶다고 했다. 스승이 가르침을 시작하자마자, 제자는 중간에 말을 끊으며 "그건 이미 알고 있습니다."라고 말했다. 자신이 똑똑하다는 걸 과시하고 싶었던 것이다.

스승은 차를 마시며 이야기하자고 했다. 차를 따르던 스승은 찻잔이 가득 찼는데도 계속 차를 부었다. 잔에서 차가 넘쳐흘렀다. 보다 못한 제자가 말했다. "그만하세요! 잔이 이미 가득 찼습니다. 더는 차를 담을 수 없습니다!"

스승이 미소를 지으며 말했다. "네 말이 맞다. 네 잔을 다 비우거든 나를 다시 찾아오너라."

정체성이란 '완성'이 아니라 '과정'이다. 우리가 끊임없이 변하는 존재라는 사실을 인정해야 한다. 사람은 계속 변한다. 이 글을 쓰기 시작했을 때의 나와 지금의 나는 다르다. 당신 역시 이 글을 읽는 동안 변화하고 있다. 단순한 말장난처럼 느껴지는가? 아니다. 우리는 언제나 변화하는 과정 속에 있다. 그런데도 우리는 지금의 내가 최종적인 모습이라고 착각한다.

하버드대학교 심리학 교수인 댄 길버트(Dan Gilbert)는 "인간은 아직 진행 중인 존재인데, 자신이 완성된 존재라고 착각한다."라고 말하며,[17] 이를 '역사의 종말 환상(End of History Illusion)'이라고 불렀다.[18] 사람들이 과거에 많은 변화를 겪어왔음을 인정하면서도 미래의 변화는 과소평가하는 심리적 편향을 일컫는다. 인생의 각 지점에서, 우리는 특정 시점의 자신이 남은 인생 동안의 모습이라고 상상하는 경향이 있다는 것이다.

그와 연구진은 19,000명 이상의 참가자를 대상으로 연구를 진행했다. 사람들에게 "당신은 지난 10년 동안 얼마나 변했나요?" 그리고 "앞으로 10년 동안 얼마나 변할 것 같나요?"라고 물었다. 그 결과 모든 연령대가 공통적으로 과거 10년 동안 생각보다 훨씬 많은 변화가 있었다고 답했다. 하지만 미래에 대한 질문에는 "앞으로는 거의 변하지 않을 것 같다."라고 답했다. 18세든 68세든 모두 비슷한 생각이었다.

우리는 언제나 성장하고 변화하지만, 현재의 내가 '완성된 나'라고 착각하는 경향이 있다. 이런 고정된 사고방식이 FOPO를 더 강하게 만든다. 지금의 당신이 완성형에 가깝다고 생각한다면 (당신과 대립하는) 타인의 의견은 나의 정체성을 위협하는 것처럼 느껴질 것이다. 반대로 당신이 지금도 성장하는 중이라고 생각한다면 비록 대립하는 의견일지라도 배움의 기회가 된다.

물론 누군가 내 의견을 반박하면 불편할 수 있다. 하지만 그 불편함을 피하려 하지 말고, 호기심을 가져야 한다. 다음과 같이 생각해보자.

- 상대방은 왜 그렇게 생각했을까?
- 저 의견 속에서 배울 점은 없을까?
- 나와 다른 시각을 통해 새로운 통찰을 얻을 수 있을까?

호기심을 가지는 것은 쉽지 않은 일이다. 하지만 이는 성장의 필수 조건임을 명심하라. 나는 20년 넘게 세계적인 운동선수, 예술가, 기업 리더들과 함께해 왔다. 그들에게는 한 가지 공통점이 있다. 바로 불편한 감정을 피하지 않는다는 점이다. 그들은 어려운 상황에서도 버티며, 감정적으로 힘든 순간을 피하지 않는다.

당신도 연습할 수 있다. 누군가의 말이 신경 쓰일 때 혹은 어떤 상황이 힘겨울 때 그 순간을 피하려 하지 말고 잠시 멈춰보자. 미소를 짓고 깊이 숨을 들이쉬고 그 감정 속으로 한 발 더 들어가 보라. 불편함 속에 머무를 때 비로소 새로운 통찰이 생긴다.

대부분의 사람은 불편한 감정이 들면 본능적으로 회피하려 한다. 하지만 오히려 그 순간을 하나의 탐색 기회로 삼는다면 생각지도 못한 것을 배울 것이다. 그 느낌이 왜 들었는지, 그 의견이 나의 어떤 부분을 건드렸는지, 그 말을 한 사람의 시각에는 어떤 진실이 담겨 있는지를 궁금해하며 살펴보아라. 물론 모든 피드백이 정확하진 않다. 그러나 그것이 정곡을 찌른 것이든 동떨어진 것이든, 결국은 나 자신을 더 깊이 이해하는 계기가 될 수 있다.

이처럼 불편함을 견디며 성장의 기회로 삼는 태도는 내면을 단단하게 만든다. 처음에는 쉽지 않겠지만 반복될수록 감정의 소용돌이에 휩쓸리지 않고 중심을 잡는 힘이 길러진다. 결국 어떤 환경에서도 어떤 상황에서도 흔들리지 않고 나 자신을 편안하게 받아들이는 능력을 키우게 된다.

이런 원리는 자연에서도 똑같이 적용된다. 1991년, 과학자들은 '바이오스피어 2(Biosphere 2)'라는 실험을 진행했다. 이들은 미국 애리조나에 완전히 밀폐된 3600평 크기의 인공 생태계를 만들었다. 맷 데이먼이 주연한 영화 「마션」의 폐쇄 시스템과 비슷했다. 이 프로젝트를 계획하고 건설하는 데에만 7년이 걸렸다. 이 안에는 열대우림, 사바나, 사막, 습지, 산호초까지 갖춘 완벽한 작은 지구가 있었다.

그런데 예상치 못한 일이 벌어졌다. 나무들이 제대로 자라지 못하고 쓰러지는 것이다. 성장 속도는 빨랐지만 어느 정도 크면 스스로 무너졌다. 과학자들은 원인을 찾다가 중요한 사실을 깨달았다. 이곳에는 '바람'이 없었던 것이다. 자연에서는 바람이 나무를 흔들어 뿌리에 긴장과 자극을 준다. 그 과정에서 나무는 더 깊이 뿌리를 내리고 튼튼하게 성장한다. 그러나 바이오스피어 2에서는 바람이 없었기 때문에 나무들이 충분히 강해지지 못한 것이다.

사람도 마찬가지다. 외부의 압박과 도전할 것이 없다면, 우리는 진정한 내면의 힘을 기를 수 없다. 남의 의견이 불편한가? 그 불편함이 바로 당신을 더 단단하게 만드는 바람이다.

나의 의미만이 나의 목적이 될 수 있다

우리는 어릴 때부터 '인정받는 법'을 배우며 자란다. 그 습관은 성인이 된 이후에도 이어진다. 상사, 배우자, 친구, 동료 등과의 관계 속에서 끊임없이 '괜찮은가'를 확인하려 한다. 바깥에서 말이다. 외부를 향한 반사에 가까운 반응 시스템을 스스로 만들어낸다.

하지만 우리는 그 반사 신경에 의존하지 않아도 된다. 다른 선택지가 있다. 바로 '목적'이다. 목적이란 내가 이 세상에 존재하는 '이유'를 믿는 것이다. 그것은 내면에서 비롯된 방향성이며, 나에게는 의미가 있고 세상에도 긍정적인 영향을 줄 수 있는 무엇이다. 즉 '내게 진짜 중요한 일'이며 '나를 넘어서는 일'이며 '미래를 향한 기준점'이다.

그래서 질문도 달라져야 한다. '사람들이 날 좋아할까?' 대신 '나는 내 목적에 진실되게 살고 있는가?'라고 물어야 한다. 나의 목적이 타인의 인정보다 더 중요한 기준이 되면, 우리는 결정을 내릴 때, 우선순위를 정할 때, 행동할 때 더 명확해진다. 우리의 생각과 말이 진심에서 나오는지를 확인하게 된다.

표면적으로 스포츠든 비즈니스든 경쟁의 목표는 '이기는 것'이다. 하지만 장기적으로 꾸준히 승리를 이어가는 사람이나 조직은 단순히 1등만 바라보지 않는다. 그들은 무엇을 위해 이기는지를 알고 있다. 물론 목적이 있어야만 성과를 내는 건 아니다. 하지만 삶이 목적에 뿌리를 두고 있을 때, 시련을 마주해도 훨씬 더 단단해질 수 있다. 어떤 일이 진심으로 중요할 때 우리는 어떻게든 해내려고 한다. 그게 사랑하는 사람을 위한 일이든, 지키고 싶은 신념이든, 내가 살아가고 싶은 삶이든 말이다. 그 순간은 타인의 시선을 신경 쓰지 않는다. '지금 이 순간 내가 하고 있는 일'과 깊이 연결되어 있을 뿐이다.

심리학자 벤 홀트버그는 이렇게 말한다. "목적은 우리의 정체성을 우리가 가장 중요하게 여기는 가치에 맞춰 조직화하는 강력한 동기부여 장치다." 플로리다 주립대 농구팀 감독 레너드 해밀턴은 전설적인 스포츠 해설가 짐 낸츠에게 보낸 편지에서 '목적이 정체성에 자리 잡았을 때' 어떤 모습이 되는지 보여준다.

"나에게 나쁜 하루란 없어요. 내가 코치로서 기억되기를 바라는 방식은 단순한 승패를 넘어서는 거예요. 나는 내 선수들이 훗날 좋은 아버지, 좋은 남편으로 살아가는 모습을 보고 싶어요. 그들이 시간이 지나 훌륭한 가장으로 성장하는 모습을 볼 때, 나는 그걸 승리라고 생각해요. 결혼한다고 전화해줄 때, 결혼식에 초대할 때, 첫 아이의 대부가 되어달라고 부탁할 때, 그게 내가 진짜로 중요하게 여기는 '승리'입니다."[19]

이처럼 목적을 기반으로 한 정체성을 지닌 사람들은 타인의 평가에 좌우되지 않는다. 그들을 움직이는 건 내가 하는 일의 의미이고, 그 일이 세상에 미치는 영향이다. 인정과 목적, 이 두 가지는 전혀 다른 연료다. 인정은 쉽게 타오르지만 쉽게 꺼진다. 목적은 오래가며 우리를 지탱해주는 에너지가 된다.

스포트라이트 법칙.
신념을 적고, 흔들릴 때마다 떠올려라

이제 실전이다. 누군가의 시선에서 내 정체성을 떼어내는 연습은 어떤 상황에서도 가능하다. 방법은 간단하다. 그 상황을 당신의 '핵심 가치'와 연결해보는 것이다. 핵심 가치는 당신의 행동을 이끄는 가장 근본적인 신념이다.

지금 당장 다섯 가지 핵심 가치를 적어보자. 그리고 당신의 정체성이 흔들리는 상황에서 그것들을 시험해보라. 예를 들어 '창의적 표현'이 당신의 핵심 가치 중 하나라고 하자. 곧 회사에서 정장 차림의 격식을 차린 이벤트가 열린다. 그런데 당신은 보라색 재킷을 입고 싶다. 분명 예상되는 사람들의 반응이 있을 것이다. '사람들이 나를 튀고 싶어 하는 사람으로 볼 거야.' '예의 없다고 할지도 몰라.'

이런 생각이 올라올 때, 잠깐 멈추고 자문해보라. '내 핵심 가치는 창의적 표현이다. 그런데 나는 왜 남들이 어떻게 볼지를 먼저 생각하고 있지?' 이때가 기회다. '사람들이 나를 어떻게 볼까?' 하는 두려움이 '이것은 나의 핵심 가치에 부합하는 고민인가?'로 바뀌는 순간이다. 그렇게 정리한 후 당신은 선택할 수 있다.

'창의적 표현이 나의 1순위지만, 오늘은 회사 행사이니 절제하자.' 혹은 '괜찮아, 나는 나를 표현하고 싶어.'라며 당당히 보라색 재킷을 꺼낼 수도 있다. 중요한 건 당신의 가치를 기준으로 선택했다는 것이다.

이것을 연습한다면 이제 누군가의 시선이 신경 쓰일 때마다 반복적인 불안의 고리를 끊고 당신만의 가치 체계에 따라 반응할 수 있다. 그 순간부터 당신의 선택은 외부 평가가 아닌, 내면의 기준에서 비롯된 것이 된다. 그것이야말로 '나답게 사는 힘'이다.

5장. 당신은 도마 위에 놓인 생선이 아니거늘
내 가치를 남에게 맡기지 마라

●

스스로를 인정하지 않으면 편안할 수 없다.
— 마크 트웨인(소설가)

2017년 8월, 힐러리 앨런은 신경과학 박사 과정을 거의 마무리하고 있었다. 동시에 그는 세계 스카이러닝 랭킹 1위를 기록 중이었다. 스카이러닝은 고도 차이와 기술적 난이도에 중점을 둔 극한의 산악 달리기 종목이다. 일반적인 트레일 러닝이 산을 돌아 달린다면, 스카이러닝은 산을 직접 오르고 내려온다. 울트라마라톤을 산 위에서 치르는 것과 비슷하다.

    대학에서 과학을 가르치던 그녀는 여름방학을 맞아 세 달간 레이스를 뛰기 위해 유럽으로 떠났다. 그녀는 팟캐스트 「파인딩 마스터리」에 출연해 그해 여름 마지막 레이스였던 노르웨이 트롬쇠에서의 일을 회상했다. 그녀는 북극권에 위치한 트롬

쇠의 레이스 중간 지점쯤에 있었다. 능선의 한 코너에서 한 사진작가가 그녀를 기다리고 있었다. 그 작가는 힐러리에게 '스마일러'라는 별명을 붙였는데, 고통스러운 상황에서도 항상 웃고 있었기 때문이다.

그녀가 "안녕하세요, 이언." 하고 인사를 건네자 그는 "힐러리, 이 코너 돌 때 활짝 웃어줘요."라고 답했다. 그게 힐러리가 기억하는 마지막 장면이었다. 그녀는 발을 헛디뎌 돌부리에 걸려 넘어졌고, 그대로 절벽 아래로 미끄러졌다. 세상이 뒤집혀 보였고 그녀는 공중에서 허우적거렸다. 그 순간 그녀의 내면에서 이런 목소리가 들려왔다. '숨을 깊게 들이마셔. 이제 죽게 될 거야. 괜찮아, 금방 끝날 거니까.'

힐러리는 4.5미터 아래로, 그것도 바위 절벽에 몸을 수차례 부딪치며 떨어졌다. 그녀는 사람이 거의 접근할 수 없는 가파른 바위 위에 멈춰섰다. 그녀는 총 14군데에 골절상을 입었다. 양발, 양 손목, 허리의 4번과 5번 척추, 그리고 갈비뼈 다섯 대가 부러졌다. 추락 장면을 본 한 선수가 목숨을 걸고 절벽 아래로 내려올 때 그녀는 온몸에 피를 흘리며 의식을 잃은 채 쓰러져 있었다. 그는 맥박을 확인할 생각도 못 했다. 시신을 수습하고 있다고 생각했기 때문이다.

그러나 잠시 뒤, 힐러리의 가슴이 들썩였고 그녀는 다시 숨을 쉬기 시작했다. 의식을 되찾은 힐러리가 처음으로 건넨 말은 이랬다.

"저… 괜찮아질 수 있을까요?"

지극히 자연스러운 이 행동에서 우리의 습관이 엿보인다. 위기의 순간이 오면 우리는 본능적으로 타인을 통해 '내가 괜찮은지'를 확인하려 한다. '나는 괜찮은 걸까?'라는 질문은 불안하거나 두려울 때면 언제든 고개를 든다. 분만실에서도, 회의실에서도, 침실에서도, 교실에서도 마찬가지다. 그리고 상황이 불확실할 때 보통 두 방향 중 하나를 택한다. 내면의 소리를 듣거나 혹은 외부의 시선을 좇거나. 다만 그 질문을 할지 말지, 한다면 어디에서 답을 구할지는 결국 하나의 요인에 달려 있다. 바로 자존감(self-worth)이다.

당신은 어디서 존재의 가치를 느끼는가?

자기 가치는 인간으로서 자신의 내적 가치를 얼마나 인정하는지를 의미한다. 즉 스스로를 어떻게 바라보고, 어떤 존재로 인식하는가에 따라 자기 가치가 형성된다. 자기 가치를 어디에서 찾고, 어떻게 인식하는지가 타인의 의견에 대한 두려움

(FOPO)에 얼마나 쉽게 영향을 받는지를 결정짓는다. 사람마다 자신이 가치 있는 존재라고 느끼기 위해 필요한 요소가 다르다.

심리학의 아버지라 불리는 윌리엄 제임스(William James)는 다음과 같이 말했다. "이 세상에서 우리가 느끼는 자아감은 우리가 어떤 존재가 되고 무엇을 성취할 수 있을지에 대한 믿음에 달려 있다. 그것은 우리의 실제 성취와 잠재적 가능성의 비율에 의해 결정된다. 따라서 진정한 자아를 찾고자 하는 사람은 자신이 의지할 목표를 신중히 선택해야 한다."[1]

제임스는 자아존중감(self-esteem)이 두 가지 요소에 의해 결정된다고 보았다. 바로 성취와 포부이다. 그는 이를 다음과 같은 간단한 공식으로 설명했다.

$$자아존중감 = \frac{성취(성공)}{포부(목표)}$$

제임스에 따르면 우리가 스스로를 긍정적으로 바라보는 방법은 두 가지다. 첫째는 더 많은 성취를 이루어 분자의 값을 키우는 것. 둘째는 자신이 원하는 목표를 조정하여 더 현실적이면서도 의미 있는 방향으로 설정하는 것이다.

윌리엄 제임스의 연구를 확장한 심리학자 제니퍼 크로커(Jennifer Crocker)와 코니 울프(Connie Wolfe)는 '자기 가치의 조건(contingencies of self-worth)'이라는 개념을 제안했다.[2] 이는 개인이 자신의 가치를 평가하는 기준을 어디에 두느냐에 따라 자기 가치가 달라진다는 이론이다.

크로커와 울프는 미국 대학 신입생 642명을 대상으로 장기 연구를 진행했다. 그 결과 학생들이 자기 가치를 주로 의지하는 일곱 가지 영역을 밝혀냈다. 그중 다섯 가지는 외부적 요인이었고, 두 가지는 내부적 요인이었다.

○ 외부적 요인

- 외모: 다른 사람이 자신을 얼마나 매력적으로 보는지
- 학업 성취: 목표한 학업 성과를 얼마나 달성하는지
- 경쟁: 타인보다 얼마나 더 우월한 성과를 내는지
- 타인의 인정: 다른 사람들이 자신을 어떻게 평가하는지
- 가족의 지지: 가족의 기대에 얼마나 부응하는지

○ 내부적 요인

- 종교적 믿음: 종교적 기준에 자신이 부합하다고 믿는지
- 도덕성: 자신의 윤리적 가치와 도덕적 기준에 맞는지

우리는 자신이 중요하게 여기는 기준에서 성취감을 느낄 때 자기 가치가 높아진다고 생각한다. 반대로 그 기준표에 도달하지 못하면 스스로를 쓸모없고 무가치하다고 느낀다. 결국 개인의 자기 가치는 자신이 중요하게 여기는 영역에서 얼마나 성공하거나 실패하는지에 따라 달라진다. 다만 우리는 오직 자신이 가치를 부여한 영역에서만 스스로를 평가한다. 그래서 같은 경험을 하더라도 사람마다 전혀 다른 반응을 보이기도 한다. 예를 들어 학업에서의 성취를 자기 가치의 기준으로 삼는 학생이 수학 시험에서 B를 받으면 큰 충격을 받을 수 있다. 반면 학업 성취를 자기 가치의 기준으로 두지 않은 학생이라면 B를 받아도 별다른 영향을 받지 않을 것이다.

크로커 교수는 이 연구를 위해 학생들이 대학에 입학하기 전, 그리고 학년 말 두 차례에 걸쳐 자기 가치의 기준이 무엇인지 설문 조사를 했다.[3] 크로커의 연구에 따르면 80% 이상의 학생이 자기 가치를 학업적 성취에 의존했고, 77%는 가족의 지지를, 66%는 경쟁에서의 우위를, 65%는 외모를 중요한 기준으로 삼았다.

그리고 연구 결과, 자기 가치를 외부적 요인에 두는 학생들은 신체적·정신적으로 부정적인 영향을 받는 것으로 나타났다. 외모, 학업적 성취, 타인의 인정 등에 자기 가치의 기반을 두면 스트레스와 분노가 증가하고 인간관계가 어려워졌으며 학업적 성과를 내는 데도 부진한 모습을 보였다. 또 외부적 인정에 의존하는 학생들은 약물 및 알코올 사용이 증가하고 섭식 장애 증상을 보일 가능성이 높았다.

반면 신앙이나 도덕적 가치와 같은 내부적 기준을 자기 가치의 근원으로 삼는 학생들은 학업 성취도가 높았으며 스트레스 수준이 낮았고 약물이나 알코올 의존, 섭식 장애 증상이 적었다. 이처럼 외부적 인정에 의존하면 단기적으로는 성취감과 보상을 얻을 수 있다. 성공했을 때 뇌의 시상하부가 '행복 호르몬'이라 불리는 도파민을 분비하며 자아존중감이 올라가고 안정감과 우월감을 느끼게 되기 때문이다.[4] 하지만 이런 방식에 의존하는 삶은 시간이 지날수록 심각한 문제를 초래한다.

성취로 자존감이 유지되는 불행한 구조

심리학자 리처드 라이언(Richard Ryan)과 에드워드 데시(Ed Deci)가 제시한 자기결정 이론(SDT)은 인간 동기에 대한 기존의 통념을 완전히 뒤흔든 코페르니쿠스적 전환이었다. 그들은 인간이 외적 보상보다 내면의 욕구에 의해 움직인다는 점을 분명히 했다.

　　SDT에 따르면 인간은 최적의 성과를 내고 건강한 삶을 살기 위해 반드시 충족되어야 할 세 가지 심리적 욕구를 가지고 있다. 첫째는 '유능감'이다. 외부 환경의 요구를 효과적으로 충족시키며 스스로 능력 있다고 느끼는 것이다. 둘째는 '관계성'이다. 타인과 연결되어 있다고 느끼고, 자신이 타인에게 의미 있는 존재이며, 타인도 자신에게 중요하다고 느끼는 감정이다. 셋째는 '자율성'이다. 자신이 중요하게 여기는 가치, 믿음, 우선순위에 따라 선택할 수 있다는 감각이다.

　　여기서 말하는 자율성은 독립성과 다르다. 자율성이란 외부의 강제나 타인의 기준이 아니라 스스로 선택하고 행동한다는 의미다. 어떤 일을 스스로 원해서 선택하고 그 안에서 즐거움을 느낄 때, 사람은 더 창의적이고 몰입하며 문제해결 능력과 회복탄력성이 높아진다.

　　하지만 우리의 자존감이 외부 조건에 의해 좌우될 때, 이 세 가지 심리적 욕구는 쉽게 훼손된다. 조건부 자존감을 지키기 위해 애쓰다 보면 인간관계를 깊고 건강하게 유지하는 것이 어려워진다.

　　자존감이 특정 조건의 충족 여부에 달려 있을 경우, 우리는 자신이 그 조건에 충족한다는 사실을 끊임없이 증명하려고 한다. 크로커는 이렇게 설명한다. "자기 가치를 '나는 똑똑한 사람이어야 해.'에 둔 사람은 다른 이들이 자신보다 덜 똑똑하다는 걸 증명하고 싶어 합니다. '나는 친절하고 따뜻한 사람이어야 해.'에 자존감을 둔 사람은 자신이 남보다 더 친절하고 따뜻하다는 인정을 받아야 합니다. 그렇지 않으면 스스로를 납득시킬 수 없기 때문이죠. 결국 우리는 단지 유능하거나 옳거나 선한 존재가 되고 싶은 것이 아닙니다. 남보다 더 유능하고, 더 옳고, 더 착한 사람이 되고 싶어지는 것이죠."[5]

'사람들이 나를 어떻게 볼까.' '나는 잘하고 있는 걸까.' 이런 식으로 타인의 시선을 통해 자신을 바라보기 시작하면 타인과 진심으로 연결되는 능력도 줄어든다.[6] 상대의 감정이나 필요에 공감하기보다는, 스스로를 방어하거나 공격하려는 반응이 앞선다. 여러 연구에 따르면 자존감이 위협받는 상황에서는 우리는 쉽게 상대를 탓하거나, 자신을 숨기고, 변명하거나, 분노와 공격성으로 반응하게 된다. 그 결과 관계는 더 큰 손상을 입게 된다.[7]

자존감이 흔들리는 순간, 우리는 본능적으로 자신을 보호하려고 반응한다. 타인의 피드백을 무시하거나 축소해서 받아들이고, 그로 인해 개선의 기회를 잃고 만다. 목표를 향해 나아가기보다 실패하지 않으려는 회피 전략에 집착하게 된다.

무엇보다 조건부 자존감은 자율성을 무너뜨려 타인의 시선과 평가가 나에 대한 내 감각보다 더 큰 힘을 가지게 된다. 스스로를 믿기보다 바깥세상의 반응을 살피며 내가 괜찮은 사람인지 아닌지를 끊임없이 확인하려 든다. 타인이 나를 어떻게 생각하는지, 어떻게 반응하는지에 감정이 휘둘리고 자기 안에서 안정감을 찾는 힘은 점점 약해진다. 내 감정을 다독이고 스스로를 안심시킬 수 있는 능력조차 잃어버리게 되는 것이다. 또 나의 판단은 뒷전이고 정답을 밖에서 찾으려 하기에 어떤 선택을 하거나 결정을 내리는 것도 어려워진다. 점점 우리는 나에 대한 감각을 외주화하는 것이다. 결국 스스로 나를 어떻게 느끼는지가 아니라, 다른 사람들이 나를 어떻게 느끼느냐가 나의 기준이 된다.

이처럼 자존감이 각자가 중요시하는 특정 영역의 결과에 좌우될 때 우리는 불안과 경계 속에 살아가게 된다. 마치 원시 시대의 부족원처럼 언제 공격이 들어올지 모른다는 긴장감 속에 살아가는 것이다. 다만 원시 시대에는 생명을 지키고자 했다면 현대에는 자존감을 지키는 것이 목적이다. 영화 「본 아이덴티티」의 주인공 제이슨 본처럼 우리는 사람들의 말투와 표정, 주변의 분위기를 예민하게 읽는다. 그들이 어떤 반응을 보일지 미리 예측하려 하고 때로는 그들이 말하기도 전에 먼저 방어적인 행동을 취한다. 회의 자리에서 아이디어를 꺼내며 이렇게 말하는 식이다. "이게 좀 엉뚱한 생각일 수도 있는데요…."라며 반응이 좋지 않을까 봐 스스로를 미리 낮추는 것이다. 간혹 내 제안이 받아들여지지 않을 것 같으면 바로 생각을 바꿔버리고 좋아하지도 않는 아이디어에 적극 동조하며 나를 부정하기도 한다. 이 모든 행동 뒤에는 '거절당하고 싶지 않다.'라는 불안이 있다. 우리의 신경계는 늘 경계 모드인 셈이다.

신경심리학자 릭 핸슨(Rick Hanson)은 이렇게 말한다. "자연 상태에서는 대부분의 스트레스가 빠르게 끝나고 회복 단계로 들어갑니다. 야생의 동물들도 그렇죠. 짧은 위협 뒤에는 오랜 평온함이 찾아오는 것이 생물학적 정상입니다."[8] 하지만 자존감이 외부 기준에 묶여 있으면 평온함은 찾아오지 않으며 그 결과 만성적인 스트레스를 피할 수 없다.

자기 가치를 외부에 의존하면 우리는 끊임없이 그 가치를 증명하려는 삶 속에 갇히게 된다. 자기 성취가 자존감을 만들어내는 것이 아니라 성취가 있어야만 자존감이 유지되는 구조 속에서 살아가는 것이다. 이런 삶은 언제나 '결과'에 의존하게 만들고 작은 실패나 타인의 말 한마디에도 자존감이 흔들리는 삶으로 이어진다.

우리는 왜 이렇게 되었을까?

우리는 세상에 태어나면서부터 부모나 양육자에게 전적으로 의존해야 한다. 기린의 새끼는 태어나자마자 키가 180cm에 달하고, 한 시간 내에 일어나 뛰어다닐 수 있다. 하지만 인간 아기는 태어나고 두 달이 지나도록 스스로 고개조차 들 수 없다. 아기가 스스로 살아갈 정도가 되려면 십 년 넘는 시간이 필요하다.

이처럼 완전히 의존적인 상태로 세상에 나온 우리는 아주 어린 시절부터 양육자의 표정을 살피며 배운다. 어떤 행동이 칭찬을 받고 어떤 행동이 외면당하는지, 어떻게 해야 사랑받고, 어떻게 해야 돌봄을 받을 수 있는지를.[9] 그렇게 어릴 적부터 타인의 반응이 곧 나의 생존과 직결된다는 사실을 체득한다.

양육자가 조건부 애정을 표현하는 방식은 아이를 사회화하는 수단으로 흔히 사용된다. 하지만 이는 아이의 자존감에 큰 영향을 끼친다. 어른이 아이에게 애정과 칭찬을 건네는 순간은 대개 아이가 '좋은 행동'을 했거나 기대한 성과를 냈을 때이다. 반대로 실망스러운 결과가 나오거나 바람에 어긋난 행동을 할 경우 애정은 거둬진다. 이런 '단절'은 아이에게 불안을 일으키고 아이는 그 불안을 줄이기 위해 행동을 바꾼다. 그리고 그 변

화된 행동은 다시 애정이라는 보상으로 이어진다. 이 구조가 반복된다.[10]

결국 아이는 이렇게 받아들인다. '나는 지금 모습대로는 사랑받을 수 없구나. 뭔가를 더 해야, 더 잘해야, 더 착해야만 사랑받을 수 있어.'[11] 이런 메시지가 반복되면 아이는 이렇게 내면화한다. '나는 누구에게든, 심지어 나 자신에게조차 충분하지 않아.'[12] 이런 조건부 자존감은 가정에서 끝나지 않는다. 사회 역시 끊임없이 같은 메시지를 던진다. 치열한 경쟁을 부추기는 교육 환경은 아이들에게 성적과 점수가 곧 자기 존재의 가치라고 믿게 만들며, 광고는 사람들의 약점을 집요하게 파고들며 없던 문제를 만들어내고 필요하지도 않은 물건을 사게 만든다.[13] 소셜미디어는 완벽하게 연출된 이미지들을 끊임없이 보여주며 팔로워 수와 좋아요, 공유 수, 댓글 수로 사람의 가치를 매긴다.

우리는 말 그대로 타인의 평가와 시선, 판단 위에 놓인 삶을 살아간다. 물론 그 와중에도 비판적 사고의 중요성, 스스로 판단하는 힘의 필요성을 교육받기도 한다. 하지만 오랜 시간 뇌 깊숙이 새겨진 무의식적 습관은 좀처럼 바뀌지 않는다. 우리는 자신이 속한 환경으로부터 수많은 메시지를 받아들이고 그것을 사회적으로 '괜찮은' 행동으로 바꾼다. 그 결과로 형성된 행동 패턴은 이후 친구, 선생님, 연인, 직장 상사 등 다양한 관계에 영향을 미치고 반복된다.

있는 그대로의 당신도 괜찮다

영국의 전설적인 광고 전문가 로리 서덜랜드는 이렇게 말했다. "엔지니어, 의사, 과학자들은 현실의 문제를 해결하는 데만 집착하지만, 사실 일정 수준의 부를 갖춘 사회에서 문제의 대부분은 '지각(perception)'의 문제입니다." 그는 광고의 가치를 설명하고자 이 말을 했지만, 조건부 자존감이라는 문제에도 똑같이 적용될 수 있는 이야기다. 광고는 제품을 바꾸지 않고도 사람들의 인식을 바꿈으로써 그 제품의 가치를 높인다. 그리고 때로는 그렇게 느껴지는 가치가 실제 가치만큼 큰 힘을 발휘한다.[14]

결국 사람들의 행동은 '현실'이 아니라 '믿는 이야기'에 의해 달라진다. 조건부 자존감의 문제 역시 마찬가지다. 이 문제를 해결하기 위해 과거로 거슬러 올라가 어린 시절 양육자로부터 어떤 메시지를 받았는지 탐색하거나 혹은 성장 과정에서 겪은 정서적 상처와 트라우마를 일일이 꺼내 보며, 그것이 현재

나에게 어떤 영향을 주는지 분석할 수도 있다.

하지만 그렇게 복잡하게 생각하지 않아도 된다. 핵심은 단 하나다. '지금 이대로의 나도 충분히 괜찮다는 사실을 받아들이는 것.' 내가 받은 성적표가 A든 F든, 나는 그 자체로 괜찮은 존재다. 내가 무슨 직업을 가졌든, 나이가 몇이든, 조직에서 어떤 위치에 있든, 연애를 하고 있든, 심지어 감옥에 있든, 그 어떤 것도 내 존재의 가치를 결정짓지 않는다. 나라는 존재는 어떤 조건이나 성취에 의해 평가받을 필요가 없다. 내가 얼마나 덕을 쌓았는지, 실수를 얼마나 했는지, 선한 사람인지 아닌지조차 중요하지 않다. 그 모든 요소는 내 존재 가치를 판단하는 데 고려될 이유가 없다. 나의 가치는 내가 '무엇을 했느냐'가 아니라 '존재 그 자체'에서 비롯된다. 당신은 있는 그대로의 당신 자체로서 가치 있는 사람이다.

스포트라이트 법칙.
외모, 성적, 돈… 자존감의 원천을 확인하라

내 자존감이 외부의 무엇에 기대고 있는지 알아차리는 것부터 시작하자. 당신은 어디에 가치를 두고 있는가? 어떤 영역에서 기준을 충족해야 자신이 괜찮다고 느끼는가? 하나의 영역이 전부일 수도 있고, 여러 영역이 얽혀 있을 수도 있다. 물론 무조건적인 자존감을 지녔다면 이상적이겠지만, 아래 질문을 통해 자신의 경향을 살펴보자.

- 타인의 인정
내가 받아들여지고, 인정받고, 입증될 때만 가치 있다고 느끼는가?

- 직장에서의 성과
일에서 일정한 성과를 내야만 괜찮은 사람이라고 느끼는가?

- 경제적 조건
연봉이 얼마인지, 재산이 얼마인지에 따라 내 존재 가치가 달라지는가?

- 학업 성취
좋은 성적이나 학벌이 자존감의 중심에 있는가?

• 외모 기준

사회가 규정하는 '예쁜' 모습, '멋진' 몸을 갖춰야만 괜찮다고 느끼는가?

• 사회적 비교

다른 사람보다 나아야만 스스로를 인정할 수 있는가?

• 인품과 도덕성

착한 사람 또는 도덕적인 사람이어야만 가치 있다고 느끼는가?

• 부모 역할

자녀의 성취나 행복에 내 가치가 좌우되는가?

• 권력과 영향력

나에게 힘이 있어야만 괜찮은 존재라고 여기는가?

• 종교적 믿음

종교적 기준에 부합해야만 자신이 가치 있다고 느끼는가?

- 가족의 인정

가족의 기대에 부응할 때만 내 존재가 받아들여진다고 느끼는가?

자존감을 어디에 두고 있는지를 알게 되면, 그만큼 나의 행동과 반응의 동기를 더 잘 이해할 수 있다. 또한 그 지점이야말로 내가 심리적으로 가장 취약한 영역이라는 사실도 깨닫게 된다.

이해는 변화의 출발점이다. 스스로를 더 깊이 들여다보는 순간, '조건부 자존감'이라는 사슬에서 벗어날 수 있는 길이 열린다.

6장. FOPO의 신경생물학
뇌가 남의 시선을 두려워하는 이유 알기

●

내가 아는 유일한 자유는
오직 마음의 자유뿐이다.
— 생텍쥐페리(소설가)

혼자 있는 시간이 불편한 이유

"요즘 온전히 나를 위한 시간이 없는 것 같아."

이 말, 자주 듣는가? 바쁜 일상 속에서 여유는 사치가 된 듯하고, 되레 '요즘 너무 바빠.'라는 말이 사회적 지위를 드러내는 방식이 되어버렸다. 지쳐 있다는 말 한마디가 피로감과 동시에 사회적 가치를 표현하는 셈이다. 내 시간이 부족하다는 사실이 내가 중요한 존재라는 신호라도 되는 듯 말이다. 혼자만의 시간이 좀 더 있다면 얼마나 좋을까?

하지만 버지니아 대학교의 심리학 교수 티모시 윌슨

(Timothy Wilson)과 그의 연구팀은 우리가 실제로는 혼자 있는 시간을 그다지 좋아하지 않는다는 사실을 밝혀냈다. 오히려 충격적인 방법으로 그 시간을 피하려 한다는 것을 말이다.[1]

윌슨의 연구팀은 대학생들에게 아무것도 없는 방에 앉아 시간을 보내도록 했다. 의자에 앉아 생각하며 잠만 자지 않으면 되는 단순한 실험이었다. 실험 후 학생들에게 이 경험이 어땠는지, 얼마나 집중하기 어려웠는지를 물었다. 과거 이와 흡사한 연구들은 대개 사람들이 책을 읽는 등 외부 활동 중에 주의가 어떻게 산만해지는지를 살펴보는 데 초점을 맞췄다. 그 실험들의 경우 대부분 책을 읽는 것과 같은 일에 마음이 집중된 상태일 때 더 기분이 좋았다고 응답했다. 하지만 이번 실험처럼 외부 자극이 전혀 없는 상황이라면, 사람들은 자신들의 생각에 집중할 수 있었을까?

놀랍게도 그렇지 않았다. 대부분의 참가자들은 집중하기 어려웠다고 답했고 자기 생각에 몰입하는 경험을 즐기지 못했다. 연구팀은 한 발 더 나아가, 사람들이 자신의 생각과 마주하기를 얼마나 기피하는지를 알아보기 위해 실험을 변형했다. 다시 아무것도 없는 방에 혼자 들어간 참가자들에게 이번에는 선택지를 하나 더 줬다. 버튼을 누르면 불쾌한 전기 충격을 받을 수 있는 장치를 제공한 것이다. (참가자들은 사전에 이 전기 자극을 경험해봤고, 돈을 주고라도 피하고 싶다고 말했었다.) 과연 사람들은 아무것도 하지 않는 것을 택할까? 차라리 불쾌한 자극을 선택할까?

결과는 예상보다 극단적이었다. 여성 참가자의 25%가, 남성 참가자의 무려 67%가 최소 한 번 이상 스스로 전기 충격 버튼을 누른 것이다. 심지어 한 참가자는 490번이나 버튼을 눌렀다! 도대체 그 사람 머릿속에는 어떤 생각이 들끓고 있었을까?

뇌 속에서 파티가 벌어지고 있다

사람들은 왜 이렇게 자기 생각과 마주하는 것을 피하려 할까? 그 단서를 제공하는 것이 바로 디폴트 모드 네트워크(Default Mode Network)다. 이 네트워크는 우리의 자아 감각, 고통의 근원, 그리고 타인의 시선에 대한 두려움(FOPO)의 중심에 있는 뇌 시스템이다. 단, 너무 부정적으로만 볼 필요는 없다. 이 얘기는 좀 이따 다시 하겠다.

지난 60년 동안 뇌과학은 비약적인 발전을 거듭했다. 기능적 자기공명영상(fMRI) 기술 덕분에 이제는 사람의 두개골을 열지 않고도 살아 있는 뇌를 관찰할 수 있다. 세인트루이스 워

싱턴대학교의 신경학자 마커스 라이클(Marcus Raichle)은 이를 이렇게 표현했다. "현미경과 망원경이 과학의 새로운 지평을 열었듯, 인간의 사고 과정을 시각화하는 기술의 도입은 인지 과학에 새로운 기회를 열었다."[2] 처음에는 과학자들 대부분이 사람들이 무언가에 몰두하고 있을 때 뇌의 활동이 어떻게 변하는지를 연구했다. 반면 아무것도 하지 않을 때 뇌에서 무슨 일이 일어나는지는 큰 관심을 받지 못했다.

그런데 1990년대, 라이클이 그 흐름을 바꾸어 놓았다. 그의 연구팀은 참가자들에게 간단한 작업(단어 읽기, 색깔 인식, 기억력 테스트 등)을 시키고, 양전자 방출 단층촬영(PET)으로 뇌의 혈류 변화를 관찰했다.[3] 비교를 위해 이번에는 참가자들에게 아무것도 없는 화면을 보게 했다. 아무것도 하지 않는 상태를 기준으로 삼기 위해서였다. 그러던 어느 날 라이클은 흥미로운 점을 발견했다.

참가자들이 집중해서 작업을 할 때 뇌의 특정 부위 활동이 오히려 줄어드는 것이었다. 그보다 더 놀라운 것은 작업이 끝나자 그 부위의 활동이 다시 활발해졌다는 사실이다. 즉 외부 과제가 없을 때 뇌가 멈추는 것이 아니라, 오히려 뇌가 활성화되었다. 뇌의 이 영역은 휴식 중이어야 할 때 바쁘게 활동하고 있었다.

이 데이터를 축적하면서 라이클은 기존에는 알려지지 않았던 '디폴트 모드 네트워크'라는 독특한 뇌의 활동 네트워크를 발견한다. 외부 과제를 수행할 때보다 아무것도 하지 않을 때 더 활성화되는 이 네트워크는 우리가 아무 일도 하지 않을 때조차 뇌가 매우 바쁘게 움직이고 있음을 보여준다.[4] 그전까지는 뇌가 과제를 해결할 때만 활발히 움직이고, 그 외에는 휴식 상태라고 여겨졌다.[5] 하지만 이 발견은 그 상식을 뒤집었다. 즉 뇌는 쉴 틈이 없었던 것이다.

이 발견은 뇌가 집중할 때뿐아니라 쉬고 있을 때도 많은 에너지를 소비하는 이유, 그리고 평균적인 성인의 경우 체중의 2%에 불과한 뇌가 전체 에너지의 20%를 사용하는[6] 이유를 부분적으로 설명해준다. 결국 뇌는 우리가 가만히 있을 때조차 끊임없이 작동하고 있으며, 그 자체로 '바쁜 존재'인 셈이다.

방심할 수 없는 뇌

뇌가 늘 깨어 있다면 어떤 목표에 집중하지 않을 땐 대체 무엇을 하고 있는 걸까? 다소 단순화해서 말하자면 뇌는 그저 한가롭게 떠도는 듯한 사고의 흐름으로 빠져든다. 이것이 바로 뇌의 '디폴트 모드 네트워크'가 작동하는 방식이다. 이 네트워크는 여러 가지 역할을 하지만 아무 할 일이 주어지지 않았을 때, 대개 가장 관심 있는 주제로 되돌아간다. 바로 '자기 자신'이다.

디폴트 모드 네트워크는 아직 완전히 밝혀지지 않았지만, 현재 가장 널리 받아들여지는 이론은 이것이 자기 자신과 관련된 사고의 중심지라는 것이다. 여기서 우리는 흔히 비생산적이고 반복적이며 부정적인 생각에 빠진다. 과거의 기억을 끄집어내거나 미래를 걱정하고, 자신과 타인을 평가하거나 다른 사람의 의도를 의심하고, 그들이 나를 어떻게 생각할지 계속 떠올리는 식이다.

이처럼 떠도는 생각은 대개 우리를 행복과 멀어지게 만든다. 하버드대학교 사회심리학 교수 댄 길버트와 매튜 킬링스워스(Matthew Killingsworth)의 연구도 이를 뒷받침한다.[7] 이들은 어플을 개발해 전 세계 83개국, 5천 명이 넘는 참가자에게 하루 중 무작위 시간에 질문을 던졌다. "지금 하고 있는 일 외에 다른 생각을 하고 있나요?" 그리고 그 순간이 즐거운지 아닌지도 물었다.

그 결과 우리는 깨어 있는 시간의 약 47%를 이렇게 '생각이 떠도는' 상태로 보낸다는 사실이 밝혀졌다. 하루의 절반 가까이를 지금 하고 있는 일이 아닌 다른 생각을 하며 살아간다는 뜻이다. 물론 때로는 그런 자유로운 사고가 창의적인 아이디어로 이어질 수도 있다. 하지만 대부분의 경우 이런 떠도는 생각은 우리 삶에 대한 불만족감과 불행을 가져온다. 특히 타인이 나를 어떻게 생각할지에 대한 걱정이 끊임없이 반복될 때 더욱 그렇다.

그렇다면 어떻게 해야 할까? 창의력은 자유로운 사고에서 비롯되는데 정작 우리는 마음이 정처 없이 떠돌 때보다 집중되어 있을 때 더 행복하다는 연구 결과가 있다. 이 두 가지 사이의 균형을 어떻게 잡을 수 있을까? 해답은 '선택'에 있다. 우리는 스스로 어디에 집중할지를 선택할 수 있다. 그리고 그 선택을 실제로 실행할 수 있는 정신적 기술을 갖추는 것이 중요하다. 누군가(연인, 동료, 친구, 코치, 심지어 경쟁자)가 나를 어떻게 생각할지에 대해 머릿속에서 곱씹을 것인지, 아니면 지금 내가 집중하고 싶은 것에 주의를 둘 것인지 선택할 수 있다. 그렇다면 어떻게 해야 우리의 주의를 진짜 원하는 방향으로 돌릴 수 있을까?

지금 이 순간, 마음챙김

수천 년 전부터 동양에서는 '마음챙김'이 이런 문제를 다루는 열쇠가 될 것임을 알고 있었다. 그리고 이제 과학도 이를 뒷받침한다. 다양한 연구들은 마음챙김 훈련이 디폴트 모드 네트워크의 과도한 활동, 즉 불안하고 분주한 마음 그리고 FOPO의 근원이 되는 사고 흐름을 진정시킬 수 있음을 보여준다.[8]

마음챙김은 결코 새로운 개념이 아니다. 명상과 같은 내면을 들여다보는 수행은 오래전부터 인간의 정신과 감정을 관찰하는 수단으로 활용되어 왔다. 하지만 이런 전통이 서구 사회에 본격적으로 전해진 것은 비교적 최근의 일이다. 1800년대 중반, 『월든』의 작가 헨리 데이비드 소로와 미국의 사상가이자 철학자 랠프 왈도 에머슨이 동양 사상의 고전을 접하면서 큰 영향을 받았지만, 그것을 뒷받침할 수행법에 대한 훈련을 받지는 못했다.

1960년대가 되자 상황이 달라졌다. 아시아와 인도에서 수행자들이 서양에 와 가르치기 시작했고, 반대로 서양인들이 동양으로 건너가 오랜 수행법을 직접 익히기도 했다. 그런 흐름속에서 MIT 대학원생이었던 존 카밧진은 마음챙김을 종교적 색채 없이 현대 과학과 접목해 소개한 인물이다. 그는 분자생물학 박사로서, 마음챙김이 건강에 미치는 긍정적 영향을 인식하고, 단순한 신비주의나 시대 유행으로 치부되지 않도록 과학적 근거를 마련하는 데 힘썼다.[9]

그는 마음챙김 기반 스트레스 감소 클리닉을 설립해 만성 통증이나 스트레스 관련 질환으로 고통받는 이들을 위한 훈련 프로그램을 만들었다. 그 덕분에 마음챙김은 보다 많은 이들이 접근할 수 있는 실용적인 도구로 자리 잡게 되었다.

마음챙김은 FOPO와의 관계를 근본부터 바꾸는 데 중요한 기반이 된다. 우리는 그 순간순간 떠오르는 생각과 감정을 있는 그대로 인식할 수 있게 되며, 반사적으로 반응하는 대신 의식적으로 선택할 수 있는 여유를 갖게 된다. 마음챙김은 하나의 '상태'이자, 그 상태에 도달하게 하는 '기술'이다. "마음챙김은 지금 이 순간, 있는 그대로를 판단하지 않고 의도적으로 바라보는 데서 비롯되는 인식의 상태이다."라고 존 카밧진은 설명한다.[10] 그리고 이 인식 상태는 훈련을 통해 습득할 수 있는 기술이기도 하다.

마음챙김은 우리의 생각과 감정 사이에 '공간'을 만들어준다. 덕분에 우리는 머릿속에 떠오르는 생각을 그저 사실로 받아들이지 않게 된다. 예를 들어 우리는 자신에 대한 생각이 곧 '나'가 아니라는 걸 인식하게 된다. 타인이 나를 어떻게 생각할지에 대한 생각 역시 진실이 아닐 수 있음을 자각하게 된다. 우리의 존재는 그런 생각보다 훨씬 더 크고, 더 다채롭다. 우리의 인식은 언제나 여기에 있다. 따로 찾아 헤맬 필요가 없다. 다만 그 인식 안으로 들어가는 훈련이 필요할 뿐이다.

전반적으로 마음챙김은 두 가지 방식으로 실천할 수 있다. 하나는 '관조적 마음챙김' 또 하나는 '집중형 마음챙김'이다. 전자는 판단 없이 자신의 생각과 감정을 있는 그대로 지켜보는 방식이고 후자는 주의를 하나의 대상에 집중시키는 방식이다. 대상이 되는 가장 흔한 것은 호흡이지만, 소리, 촛불, 벽의 한 점 등 어떤 것이든 될 수 있다.

이러한 마음챙김 훈련을 통해 우리의 마음이 얼마나 자주 '타인의 시선'에 머무는지를 알아차리게 된다. 이런 걱정이 얼마나 많은 생각과 행동의 배경에 자리 잡고 있었는지도 점점 더 명확히 보이기 시작한다. 그때부터 우리는 그런 생각과 좀 더 능숙하게 마주할 수 있다. 어떤 상황, 어떤 자극, 어떤 생각의 흐름이 우리의 '인정 욕구'를 자극하는지 더 잘 알아차릴 수 있게 되는 것이다.

스포트라이트 법칙.
한순간만이라도 마음챙김을 연습하라

'마음챙김'을 연습하라. 간단해 보일지 모르지만 실제로는 결코 쉬운 일이 아니다. 단 몇 분만이라도 한 대상에 집중하는 마음챙김을 해보라. 곧바로 온갖 생각이 떠오를 것이다. 대부분의 사람들처럼 당신도 과거의 일을 회상하거나 미래에 있을 일을 상상하거나, 현재 일어난 일에 대한 어떤 잡념으로 옮겨갈 것이다. 그리고 그 많은 생각들은 대개 '관계'와 얽혀 있다. 누군가와의 관계 혹은 자기 자신과의 관계 말이다.

예컨대 단순한 화상 회의 하나로 어느새 끝없는 생각의 소용돌이에 빨려 들어갈 수 있다. '이 화면, 예전에 봤던 그 예능 프로그램 같네…. 이름이 뭐였지, 쇼 비디오 자키? 진행자가 김광한이었나? 하긴 이 회의에 있는 사람 중에 그걸 아는 사람은 없겠지… 근데 지금 이 카메라 각도에서 보면 내 턱살이 두 겹처럼 보이지 않나?'

마음은 이렇게 갑자기 '생각의 열차'에 올라탄다. 한 가지 생각이 꼬리에 꼬리를 물고 이어지는 것이다. 생각의 열차를 출발시키는 신호는 오직 하나의 생각이면 충분하다. '딸아이 축구 경기를 한 번도 못 봤네. 일하느라 바빠서….' 이 생각이 들고 나면 잠시 후 또 다른 정거장에서 이런 생각이 더해진다. '도대체 왜 나는 내 삶을 이렇게 주도하지 못할까? 다른 부모들은 경기도 보고 여행도 다니고 하는데, 왜 나는 일만 하지?' 그리고 다음 역에서는 이런 생각이 올라탄다. '나는 그저 사명감이라는 명목 아래 굴러가는 거대한 기계의 부속품일 뿐이야.' 어느새 기차는 꽤 어두운 터널로 접어든다. '나, 일 그만둬야 하나 봐.' 이렇게 한참을 떠돌다가 문득, 지금 호흡에 집중하고 있지 않다는 사실을 깨닫게 된다.

그 순간이 바로 연습의 핵심이다. 그저 떠오른 생각을 흘려보내고, 다시 처음의 대상, 예컨대 호흡으로 주의를 돌리는 것. 이 과정은 수없이 반복될 것이다. 이 단순한 연습을 하면서 우리는 머릿속이 얼마나 쉽게 산만해지는지를 직접 확인하게 된다. 특히 우리의 마음이 얼마나 자주 다른 사람이 나를 어떻게 생각할지에 집착하는지도 또렷하게 드러난다.

하지만 반복할수록 변화가 생긴다. 생각이 흐트러졌음을 더 빨리 알아차리게 되고, 주의를 다시 돌리는 것도 훨씬 능숙해질 것이다. 그렇게 마음이 끌려가는 대로 따라가는 것이 아니라 내가 원하는 곳으로 집중의 초점을 옮기는 것도 점차 수월해질 것이다. 다시 한번 강조하건대 마음챙김을 연습해보라.

7장. 자기 인생을 사느라 여념이 없는 사람들
나는 남들에게 관심 밖임을 받아들이는 연습

●
사람들이 당신을 어떻게 생각하는지에 대한 걱정은,
사실 그들이 당신을 얼마나 적게 생각하는지 깨닫게 되면
훨씬 줄어들 것이다.
— 데이비드 포스터 월리스(소설가)

코넬대학교 심리학과 교수 토머스 길로비치(Thomas Gilovich)와 그의 연구팀은 2000년에 흥미로운 실험을 진행했다. 사람들이 실제로 타인을 얼마나 관찰하고 판단하는지를 알아보는 실험[1]이었다. 우선 109명의 대학생들이 한 명씩 방에 들어섰다. 그들은 모두 특정 가수의 얼굴이 크게 인쇄된 티셔츠를 입고 있었다. 연구진은 이 티셔츠가 사회적으로 민망하게 느껴질 만한 디자인이라고 판단해 선택한 것이었다.(그 가수에게는 미안한 이야기지만, 당시 젊은이들 사이에서는 그가 촌스럽게 여겨졌기 때문이다.)

방 안에는 여러 명의 학생이 앉아 있었고 이들은 설문지를

작성하던 중이었다. 티셔츠를 입은 실험 참가자는 그들 앞을 지나 방 안으로 들어왔고, 잠시 머무른 뒤 방을 나갔다. 이후 연구진은 참가자에게 물었다. "본인이 입은 티셔츠에 그려진 인물이 누구인지를 몇 명이나 알아봤을 것 같나요?"

한편 방 안에 있던 관찰자들에게도 비슷한 질문을 던졌다. 그중에는 '티셔츠에 어떤 인물이 그려져 있었는가?'도 포함돼 있었다. 예상대로 실험 참가자들은 다른 사람들이 자신이 입은 티셔츠에 주목했을 것이라고 과대평가했다. 심지어 방 안의 절반 정도가 티셔츠 속 인물을 알아봤을 것이라고 예상했다. 하지만 실제로 티셔츠에 그려진 인물을 알아본 사람은 25%도 채 되지 않았다.

또 다른 실험에서는 제삼자 학생들이 영상으로 실험 장면을 본 뒤, 그 티셔츠를 몇 명이나 기억했을지 추정하도록 했다. 이들은 정확하게 25% 정도라고 예측했다. 다시 말해 직접 상황을 겪은 사람은 자신이 주목받고 있다고 착각한 것이었다.

이런 인지 왜곡을 심리학에서는 '스포트라이트 효과 (Spotlight Effect)'라고 부른다.[2] 사람들은 자신의 행동이나 외모가 다른 사람들에게 실제보다 훨씬 더 주목받고 있다고 생각하는 경향이 있다.

모두가 나만 보고 있다는 착각

실제로 우리는 스스로를 관찰하는 데 엄청난 에너지를 쏟는다. 그 결과 다른 사람들 역시 우리를 똑같이 관찰하고 있을 것이라 착각한다. 마치 모든 눈이 자신을 향하고 있고 작은 실수나 단점도 모두에게 들통날 거라 여긴다.

왜 이렇게 느끼는 걸까? 이 현상의 배경에는 자기중심적 편향이 있다. 사람은 누구나 자기 삶의 중심에 서 있다. 자신의 행동이나 외모에 집중하며 민감하게 반응한다. 그래서 다른 사람들 역시 나를 중심으로 생각하고 있을 거라고 오해한다. 이런 편향은 자기애나 오만과는 다르다. 단지 세상을 자신의 관점으로밖에 바라볼 수 없기에 생기는 자연스러운 착각이다.

문제는 이 착각이 긍정적인 순간에도, 부정적인 순간에도 나타난다는 점이다. 우리가 한 일을 바라보는 방식과 다른 사람들이 그것을 바라보는 방식 사이에는 종종 큰 간극이 생긴다. 예를 들어 어떤 발표 자리에서 멋진 의견을 내거나, 중요한 프로젝트를 성공적으로 끝내거나, 농구 경기에서 완벽한 슛을 날렸다고 하자. 그 순간 우리는 '와, 이건 정말 인상 깊었겠지?'라고 생각한다. 하지만 실제로는 아무도 그 장면을 기억하지 못할 수도 있다.

반대로 회의에서 한 말실수, 스텝이 꼬여 넘어질 뻔한 순간, 발표 중 중요한 문장을 틀리게 읽은 실수 등은 우리에겐 평생 기억될 흑역사처럼 느껴진다. 하지만 대부분의 사람은 그것을 눈치채지 못한다.[3] 스포트라이트 효과는 주변 사람들이 자신을 중요하게 생각할 거라는, 왜곡된 관점을 갖게 하여 그에 기반한 상황 판단과 결정을 내리게 한다.

세상을 오해하는 또 다른 이유는 '사람들은 나와 비슷할 것'이라는 착각 때문이다. 우리는 다른 사람들도 나와 비슷하게 생각하고, 나와 비슷한 감정을 느낄 것이라고 생각한다. 심리학에서는 이를 '허위 합의 효과(False Consensus Effect)'라고 부른다.[4]

이 착각은 자기 생각에 몰두하는 경향에서 비롯되는데 우리가 믿는 것, 좋아하는 것, 생각하는 방식이 다른 사람들에게도 '상식'이고 '보편적'일 거라고 생각하는 것이다. '내가 민망하니, 남들도 민망하겠지.' '남들도 분명 내 실수를 알아챘을 거야.' 같은 식이다. 게다가 사람은 자신과 비슷한 생각을 가진 사람들과 더 자주 어울리는 경향까지 있다. 이런 선택적 노출 때문에 우리는 자신의 세계관이 세상의 보편적 시선인 것처럼 착각하게 된다.

남들도 자신이 세상의 주인공이다

'스포트라이트 효과'는 심리학에서 말하는 '앵커링과 조정 (Anchoring and Adjustment)'의 대표적인 예다.[5] 노벨 경제학상 수상자인 대니얼 카너먼(Daniel Kahneman)과 아모스 트버스키 (Amos Tversky)가 처음 제안한 개념으로, 사람들은 판단을 내릴 때 처음 받은 정보(앵커)에 과도하게 의존하는 경향이 있다는 것이다.

이 실험에서 참가자들은 '내가 이런 민망한 옷을 입고 있으니 분명 주목받을 거야.'라는 자기중심적 초기 정보를 가지고 있다. 이후 '그래도 그렇게까지는 아니겠지?'라며 조정하려 하지만 완전히 벗어나진 못한다. 결국 여전히 '사람들이 나를 봤을 거야.'라는 과대평가된 판단을 내리는 것이다.

하지만 진실은 단순하다. 사람들은 당신을 당신만큼 보지 않는다. 그들은 자신에게 더 집중하고 있다. 그들 또한 이렇게 생각하고 있을 것이다. '내 머리 지금 이상한가?' '회의에 늦게 들어왔는데, 누가 눈치챘을까?' '내가 방금 한 말 멋있었을까?' 즉 그들도 자신이 스포트라이트를 받고 있다고 믿는다. 모두가 자기중심의 세상에 살고 있는 것이다. 물론 당신이 방탄소년단 같은 유명 인사가 아니라면 말이다. 그들 정도가 아니라면, 당신이 생각하는 것만큼 세상은 당신을 주시하고 있지 않다.

스포트라이트가 정말 당신을 비출 때는

물론 진짜로 스포트라이트가 자신을 향할 때도 있다. 큰 프로젝트를 따내기 위해 독창적인 프레젠테이션을 할 때, 꿈에 그리던 회사의 마지막 면접을 앞두고 임원들과 마주 앉아 있을 때, 이사회 앞에서 새로운 전략을 발표할 때처럼 말이다. 누구에게나 이런 순간이 찾아온다. 마치 내 인생의 월드컵 결승전처럼 느껴지는, 그 어느 때보다 중요한 순간들 말이다.

이런 질문을 자주 받는다. "중요한 순간에는 '이게 나의 사활이 걸린 문제야.'라고 생각하는 게 나을까요, 아니면 '그저 일상의 한순간일 뿐.'이라고 여기는 게 나을까요?" 내 대답은 이렇다. "둘 다 가능합니다. 중요한 것은 어떤 관점이 자신에게 더 도움이 되느냐는 것입니다." 어느 쪽이든 자신에게 맞는 기준을 정하고 그에 맞춰 준비해야 한다.

그리고 많은 사람이 간과하는 핵심 포인트가 하나 있다. 바로 선택한 관점이 무엇이든 그에 맞는 심리 훈련이 반드시 필요하다는 점이다. 내면의 심리 상태를 잘 다듬어 둔다면 외부 상황에 휘둘리지 않는다.

'그저 또 하나의 순간일 뿐.'이라고 여기고자 선택했다면, 그에 걸맞은 심리적 훈련을 해야 한다. 예컨대 자기 자신과 어떻게 대화할 것인지(셀프 토크), 집중력을 어느 정도로 유지할지, 긴장감을 어느 수준으로 조절할지 등을 세밀하게 조율해 나가야 한다. 반대로 이 순간을 인생에서 가장 중요한 무대라고 생각한다면 마찬가지로 심리적 스킬을 훈련하는 것은 물론이고, 그 순간과 흡사한 스트레스 상황을 일부러 만들어 연습도 해야 한다. 긴장감이 높고 결과가 중요한 상황을 설정하고, 그 안에서 마음을 다스리는 훈련을 반복하며 의도적으로 변수와 방해 요소를 넣어가며 흥분된 상태에서도 마음을 고요하게 유지하는 능력을 키워야 한다. 이 과정을 반복하다 보면 점점 더 높은 수준의 긴장감에도 편안해질 수 있다.

결국에는 먼저 자신이 어떤 마인드셋을 유지하고 싶은지 결정해야 한다. 그후 그 마인드에 익숙해지도록 반복적으로 훈련하면서 스스로를 조정하면 궁극적으로 자신의 상태를 완전히 통제할 수 있는 지점에 도달하는 것이다. 즉 우리에게 닥쳐오는 상황은 통제할 수 없지만, 어떻게 반응할지는 통제할 수 있다.

스포트라이트 법칙.
내가 아닌 타인의 입장에서 다시 보라

대부분의 사람은 자신이 중심인 세상에서 살아간다. 다른 사람도 마찬가지다. 그들은 당신에게 집중하지 않는다. 이 단순한 사실만 제대로 받아들여도 감정적으로 자동 반응하는 패턴을 끊어내고 스포트라이트 효과에서 벗어날 수 있다.

이 개념이 진심으로 내면화되는 순간, 타인의 시선에 대한 두려움(FOPO)과의 관계도 달라지기 시작한다. 한 번 스스로에게 물어보자. '나는 다른 사람을 평가하는 데 더 많은 시간을 쓰고 있는가, 아니면 사람들이 나를 어떻게 볼까 고민하는 데 더 많은 시간을 쓰고 있는가?'

사람들은 자기 일로 이미 충분히 바쁘다. 그리고 다른 사람들도 마찬가지다. 일, 가족, 육아, 건강 문제 등으로 바쁜 사람들은 우리가 민감하게 느끼는 사소한 실수나 행동에 관심조차 없다. 냉정하게 말하면 대부분의 사람에게 당신은 관심 대상이 아니다. 특히 낯선 사람이라면 더더욱 그렇다. 그러니 혹시 누군가가 당신을 평가하거나, 흘끗 본다 해도 개의치 말아라. 그들은 당신에 대해 아는 게 없다. 그들 역시 자기 인생을 살아가느라 정신없는 것이다.

이런 연습을 해보자. 먼저 당신이 최근에 FOPO를 느꼈던 순간을 떠올리는 것이다. 예를 들어 나이 차이가 많이 나는 사람들 사이에서 위축되었거나 화상 회의 중에 말을 꺼냈지만 제대로 전달하지 못했던 경험 혹은 괜히 과거의 성공담을 꺼냈다가 어색한 침묵이 흐른 상황 말이다.

그런 다음 비슷한 상황에 놓인 다른 사람을 떠올려보자. 당신은 그 사람을 어떻게 바라보았나? 그 사람이 나이 들어 보이거나 너무 젊었다고 해서 그게 인상 깊었는가? 그 사람이 말하다가 맥락을 놓친 것이 정말로 마음에 걸렸는가? 혹은 누군가가 갑자기 자랑을 늘어놓았을 때, 그게 당신에게 어떤 의미였는가? 그저 조금 민망했거나 혹은 별일 아닌 행동처럼 느껴지지 않았는가?

이런 장면들은 대개 별로 인상적이지 않다. 기억에 남지도 않고, 곧 잊히는 일들이다. 내가 했던 어색한 말이나 행동도 대부분 타인의 기억에 남아 있지 않다. 사람들은 자기 삶에 빠져 있다. 당신의 말과 행동 하나하나에 주의를 기울이지 않는다. 그러니 이제는 세상을 향한 조명을 끄고 당신 안의 작은 불을 켜보는 것이 어떤가?

8장. 타인의 말을 해석하지 말라
상대의 머릿속에서 벗어나기

●

분명해 보이는 사실만큼
속이기 쉬운 것은 없다.
— 아서 코난 도일(소설가, 의사)

　타인의 시선에 대한 두려움(FOPO)에 대해 본격적으로 고민하기 시작한 건 대학원을 다닐 때였다. 당시 나는 스포츠 심리학을 전공하며 심리학 박사 과정을 밟고 있었고, 그때부터 사람들을 정상 너머로 이끄는 자질이 무엇인지 알고 싶었다.
　나의 관심사는 언제나 같았다. 각 분야 최정상에 선 사람들은 고난도 환경에서 어떻게 내면을 구성하고 움직이는가? 찰스 린드버그는 어떻게 무전기도 낙하산도 없이, 때론 파도 위 불과 6미터 상공을 날며 34시간 동안 대서양을 횡단할 수 있었을까? 제인 구달은 어떻게 시대의 통념을 거슬러 미지의 영역으로 나아가 인간과 동물의 관계를 완전히 새롭게 정의했을까?

어니스트 섀클턴과 그의 탐험대는 남극점에 도달하기 위한 목숨을 건 여정을 어떻게 견딜 수 있었을까?

나는 이 분야가 좋았다. 하지만 심리학이라는 학문에는 여전히 '전통적인 심리학'이라는 그림자가 드리워져 있었다. 불과 한 세기 전만 해도 정신질환자는 격리 대상이었고 세계적으로 '심리적인 문제'는 곧 '인격의 결함'으로 여겨졌다. 사람들은 심리학을 성장을 위한 도구가 아니라, 고장 난 정신을 '수리'하는 곳쯤으로 생각했다. 자기계발이나 웰빙 혹은 인간의 번영에 투자하는 학문이라기보다는 그저 부정적인 상태를 고치는 데 머물렀던 것이다.

심리학에는 암묵적인 룰이 있었다. 심리학자는 조용한 공간에서 내담자와 마주 앉아 그 사람의 내면을 듣는다. 그리고 그 만남은 철저히 '비밀'이어야 했다. 길에서 우연히 내담자를 마주쳐도 먼저 인사해선 안 되는 것이 불문율이었다. 심리학의 첫 번째 규칙은 '심리학에 대해 말하지 않는 것'이었다. 그 비밀주의는 심리학자를 찾는 것에 '수치심'이라는 감정을 만들어냈다. 이 분야에는 보이지 않는 규범과 관습, 제도와 관례가 존재했다. 마치 정해진 선 안에서만 색칠하라는 지침 같았다.

하지만 나는 그것을 바꾸고 싶었다. 심리학이 더 이상 음지의 학문이 아닌 당당히 빛을 발하는 분야가 되기를 바랐다.

그러나 솔직히 말하면 기존의 관행을 어기는 것이 동료들에게 어떻게 비칠지 두려웠다. 그래서 졸업 후에는 스포츠 심리학 안에서도 비교적 자유로운 영역으로 눈을 돌렸다. 그렇게 내가 발을 디딘 곳은 극한 스포츠 분야였다. 아직 뚜렷한 규칙이 정립되지 않은 영역이었다.

그러던 중 세계 정상급 종합격투기 선수와 함께 일할 기회가 생겼다. 그와 나는 다섯 달에 걸친 훈련 캠프를 마친 뒤, 대회를 위해 라스베이거스로 향했다. 대회 3일 전에는 계체량 측정, 미디어 인터뷰, 현장 적응 훈련 등이 예정되어 있었다. 경기 당일 밤, 선수와 트레이너 그리고 나는 대기실에서 마지막 준비 루틴을 진행했다. 몸을 데우는 준비 운동, 반복적인 기술 훈련, 그리고 '마인드셋 준비'가 그것이었다. 마음가짐을 다잡고 자신의 목적에 집중하며 격투에 최적화된 정신 상태로 전환하기 위한 과정이었다.

케이지로 향하는 동안 선수의 멘털이 흔들릴 수 있다. 조명이 쏟아지고 음악이 울려 퍼지며 수만 명 관중의 함성이 등줄기를 타고 흐르는 순간이기 때문이다. 이들은 모두 피를 원한다. TV 앞에서 지켜보고 있을 수백만 명도 마찬가지다. 선수는 극한의 긴장감 속에서 그 철제 케이지 안으로 들어가야 한다. 그리고 마주하는 상대는 지구상에서 손에 꼽는 숙련된 격투기 선수 중 한 명이며, 단 하나의 목적을 위해 싸운다. 상대방이 싸우기를 포기하게 만드는 것. 아무리 강한 척해도 불안을 떨치기란 쉽지 않다.

그래서 우리 팀은 이 순간을 위해 철저히 준비해 왔다. 경기장에 아무도 없을 때 입장 동선을 세 번이나 연습했고 수개월에 걸쳐 이미지 트레이닝을 반복했다. 오감을 동원해 상상하며 경기 시작 전의 감정까지 연상하며 훈련했다. 준비 운동을 할 때 어떤 마음 상태일지, 관중의 함성과 야유가 들릴 때 어떤 자세로 자신을 지킬지까지 모두 이미지로 그려보았다. 심지어 경기장에 올라가기 전 나누는 악수와 포옹까지도 연습했다. 하지만 한 가지, 포옹 이후에 코치들이 어디로 가야 할지는 연습하지 않았다.

대회 당일, 모든 과정은 계획대로 흘러갔다. 우리는 선수와 함께 옥타곤에 도착했고 그는 입장 계단을 오르기 전 마지막 인사를 나눴다. 그다음 경기 관계자가 우리를 코치석으로 안내했다. 카메라가 우리의 모습을 잡을 수 있는 위치였다.

경기 시작과 함께 선수는 그동안 머릿속에서 수없이 반복한 전략을 그대로 실현했다. 불필요한 움직임을 최대한 줄이고 체력을 아꼈다. 공격 패턴을 자주 바꿔 상대가 리듬을 읽지 못하게 했다. 상대방이 점점 감정적으로 흔들릴수록 그는 더 차분하게 중심을 지켰다. 결과는 완벽했다. 압도적인 우승 후보였던 상대를 무너뜨린 것이다. 우리는 환호했다. 수개월간의 노력이 결실을 맺는 순간이었다.

경기 후 귀가하는 차 안에서 나는 혼자 조용히 기쁨을 되새기고 있었다. 그때 멘토에게서 전화가 걸려 왔다. 그의 첫마디는 이랬다.

"TV에서 보았네. 자네 왜 선수 뒤에서 걷고 있었나?"

그 말은 마치 트럭이 달려와 들이받은 것 같았다. 그는 우리 업계에서 누구나 존경하는 인물이었다. 그리고 지금 그가 말하는 건 분명했다. 심리학자는 무대에 나서지 말라는 뜻이었다. 그가 내가 이 분야에 어울리지 않는 행동을 했다고 생각한다는 사실에 얼굴이 화끈거렸다. 기쁨의 감정은 사라지고, 그저 숨고 싶었다.

호텔에 도착한 후 아내 리사에게 전화를 걸어 감정을 정리하려 했다. 고등학생 때부터 함께했던 그녀는 쿠바와 엘살바도르계 혈통답게 아주 직설적이고 솔직한 사람이다. 나는 늘 현실 검증이 필요할 때 가장 먼저 그녀를 찾는다. 그날 밤 그녀는 단 두 마디로 답했다.

"그딴 소리 신경 쓰지 마."

그의 말이 정말 그가 한 말인가?

아내의 조언 덕분에 간신히 마음을 추스를 수 있었지만 멘토의 그 한마디는 수년 동안 내 머릿속에 맴돌았다. 그 영향으로 나는 10년 가까이 언론과 거리를 두기로 마음먹었다. 자신을 과시하려는 사람처럼 보이고 싶지 않았기 때문이다. 하지만 세상이 조금씩 달라지기 시작했다. 언론은 점차 '마음'과 그것이 품은 수많은 가능성에 관심을 보였다. 어찌 보면 당연한 일이었다. 스포츠 세계에서 승패를 가르는 건 기술이나 체력 그 이상이니까.

승자와 패자를 가르는 아주 미세한 차이는 결국 '마음을 얼마나 잘 다루느냐'에 달려 있다. 육체는 단지 정신의 연장일 뿐, 마음이 할 수 있는 일을 몸이 따를 뿐이다. 그 무렵 나는 언론의 관심을 끌 만한 몇몇 프로젝트를 진행했다. 그러면서 다시금 깨달았다. 공공의 대화는 심리학에 대한 오해를 걷어내고, 이 분야의 가치를 사회적으로 확산시키는 데 효과적이었다.

예를 들어 나는 오스트리아 스카이다이버 펠릭스 바움가르트너가 참여한 '레드불 스트라토스' 프로젝트에 심리학자로 참여했다. 그는 상공 39km 높이의 가압 캡슐에서 낙하산을 메고 뛰어내려 인류 최초로 기계적 동력 없이 음속의 벽을 돌파

한 인물이 되었다.

이후 나는 미국 미식축구리그(NFL) 시애틀 시호크스 팀에 정식으로 합류해 조직 내에 상주하는 최초의 심리학자가 되었다. 무려 9년 동안 피트 캐럴 감독과 함께 '관계 중심의 문화'를 만들어 나갔고, '마음 훈련'을 팀의 핵심 정체성으로 자리 잡게 했다. 비치발리볼 선수 케리 월시 제닝스와 미스티 메이-트레이너는 우리 팀의 마인드셋 훈련에 대해 공개적으로 이야기했고, 그들은 올림픽에서 세 번 연속 금메달을 거머쥐는 전설이 되었다. 그다음으로 「파인딩 마스터리」라는 팟캐스트를 시작했다. 심리학을 대중 앞에 있는 그대로 보여주기 위해서였다. 매주 많은 이들과 대화를 나누며 그들의 심리적 틀과 마음 근육을 들여다봤다.

많은 동료들이 나의 시도에 지지를 보냈다. 물론 관행을 고수하려는 심리학계 관계자들도 있었지만 말이다. 이 모든 과정에서 중요한 사실을 하나 깨달았다. 나는 스스로의 두려움을 타인에게 투사하고 있었던 것이다. 나의 멘토는 '심리학계의 권위자'였다. 그래서 그의 말이 무겁게 다가왔다고 생각했다. 하지만 문제는 내 안에 자리 잡은 내면의 목소리와 판단이었다. '전통을 거스르는 것이 과연 맞는 일인가.' 그 질문 앞에서 나는 스스로를 재단하고 있었다.

언젠가 멘토를 만난다면 꼭 물어보고 싶었다. 정확히 무슨 뜻으로 그런 말을 했던 것인지 말이다. 정말 나를 제자리로 돌려놓고 싶었던 걸까? 정말로 그는 심리학계의 전통을 지키는 파수꾼 역할을 자임하고 있었던 걸까? 내가 규칙을 어겼다는 사실이 부끄러웠던 걸까? 혹시 그가 나에게 느낀 부정적 감정을 그 사건에 투사하고 있었던 건 아닐까?

그리고 그날이 찾아왔다. 권위 있는 학회에서 강연을 마치고 단상에서 내려오는 순간 그가 첫 줄, 구석 자리에 앉아 있는 게 눈에 들어왔다. 그는 혼자였다. 우리는 눈을 마주쳤고, 나는 생각했다. '지금이야말로 진실을 확인할 수 있는 기회다.'

강연이 끝난 뒤, 짧게 대화를 나눌 시간이 주어졌다. 우리는 다시 눈을 마주쳤지만 그는 그 자리에서 일어날 생각이 없어 보였다. 내게 다가오라는 것 같았다. 사람들이 하나둘 빠져나가고 마침내 그에게 다가갔다. 그는 예전보다 작아 보였다. 어쩐지 왜소하고 약해 보였다. 수염을 기르고 안경을 쓴 채, 고풍스러운 트위드 재킷을 입고 있었다. 마치 19세기 심리학자 역할로 캐스팅된 사람 같았다.

우리가 얼굴을 마주하는 순간, 마음속에 수년 동안 맴돌던 불안감이 사라졌다. 이후로 나는 더 이상 그의 말에 휘둘리지 않을 것을 알 수 있었다. 그 말이 내 안에서 그토록 오랫동안 크게 자리 잡고 있었다는 사실이 우스울 정도였다. 우리는 심리학계가 직면한 어려움에 대해 몇 마디 나눴고, 악수한 뒤 각자의 길로 걸어 나왔다.

나는 그의 말 하나에 사로잡혀 수년을 살았다. 그의 말은 내가 어떤 길을 선택할지, 어떤 기회를 받아들이고 어떤 기회를 흘려보낼지에 영향을 주었다. 하지만 그 말이 정말 그의 진심이었는지조차 나는 알지 못한다. 그렇게 큰 영향을 준 것이, 실은 그의 말이 아닐 수도 있었던 것이다.

방어할 것인가, 탐색할 것인가

10년도 더 지난 그날, 멘토의 말은 당시에는 명확해 보였다. '거베이스, 심리학은 사적인 영역이야. 문 닫힌 방 안에서 다뤄야 해. 너는 지금 그 불문율을 어긴 거야. 네 위치를 잘 알아야 해.'

하지만 지금 와서 생각해보면 그가 어떤 의도로 그런 말을 했는지는 알 수 없다. 그리고 사실 중요한 건 그가 무슨 생각이었는지가 아니었다. 진짜 중요한 것은 내가 그 말에 어떤 반응을 했느냐는 점이다. 그때 나는 그의 말에 숨은 정확한 의도를 궁금해할 여유조차 없었다. 그 말은 내 몸을 전기처럼 통과했고 나는 반사적으로 반응했다. 그에게 맞서 변명하진 않았지만 마음속에 방어막을 세웠다.

내가 선택한 방식은 이랬다. 몸을 낮추고, 눈에 띄지 않게 지내고, 다시는 그런 비난을 받지 않겠다고 다짐하는 것. 그게 나만의 '자기 보호'였다. 하지만 그와 악수를 나눈 이후, 내 마음을 들여다보기 시작했다. 왜 그의 말 한마디에 그렇게 큰 영향을 받았을까? 왜 누군가의 평가 하나가 내 안의 경험 전체를 뒤흔든 걸까? 이 일이 나에 대해 무엇을 말해주는 걸까?

대학원 시절부터 나는 늘 갈림길에 서 있었다. 진심으로 가고 싶은 길과 사회가 정해놓은 정통의 길 사이에서 머뭇거렸다. 온갖 규칙과 전통, 이정표로 가득한 그 길 위에서 계속 중심을 잡으려 애썼다. 하지만 그 두 갈래 길을 동시에 따를 수는 없었고 늘 '규칙을 지키면서 동시에 어떻게 규칙을 깰 수 있을까?'라는 고민을 했던 것 같다. 그리고 그 멘토의 말은 오래전부터 끌어안고 있던 두려움을 건드렸다. '오래도록 몸담은 심리학이라는 분야의 주류에서 벗어난다면 사람들이 뭐라고 할까?' 하는 그 막연한 두려움 말이다. 머릿속에는 늘 이런 생각이 있었다. '그들, 누구인지도 정확히 알 수 없는, 하지만 분명 이 분야의 결정권을 가진 사람들은 내가 선 넘는 행동을 하면 분명히

뭐라 할 것이다.'

아인슈타인의 이 말이 자꾸 맴돌았다. "가끔 이런 생각이 들어요. 내가 미친 건지, 아니면 세상이 미친 건지." 멘토가 그날 그 한마디를 내뱉었을 때, 나는 거기에 엄청난 해석과 무게를 덧씌웠다. 그가 왜 그런 말을 했는지보다 이미 마음속에 품고 있던 두려움이 더 큰 영향을 미친 것이다. 그 말은 내 안에 이미 켜져 있던 불씨에 기름을 부었다.

그는 단지 지나가는 말로 한마디 했을 뿐이었는지도 모른다. 하지만 나는 그 말을 삶을 바꾸는 선언처럼 받아들였고, 그 해석이 내 진로를 흔들었다. 결국 그는 내 마음속에서 '이미 쓰여진 이야기'에 등장한 인물에 불과했던 것이다. 그리고 나는 그 이야기의 결말이 두려워 무대 뒤로 물러났던 셈이다.

당신에게는 초능력이 없다

인간은 자신의 마음은 물론 타인의 마음까지도 생각할 수 있는 독특한 인지 능력을 지니고 있다. 우리는 다른 사람의 생각이나 감정, 의도, 신념을 추론하고 이를 바탕으로 그들의 행동을 이해하거나 예측할 수 있다. 이 일련의 행위는 거의 반사적으로 일어난다. 모든 사회적 상호작용 속에서 자연스럽게 말이다.

누군가가 무엇을 생각하고 있는지 알아차리는 능력은 인간관계의 기본이다. 대부분의 사람은 어린 시절부터 이런 능력을 키워나간다. 하버드 의대 신경외과 조교수 지브 윌리엄스(Ziv Williams) 박사는 이렇게 말한다. "우리는 타인과 상호작용할 때 말로 표현되지 않은 생각이나 의도를 예측해야 합니다. 그러기 위해선 그 사람이 어떤 믿음을 가지고 있는지를 머릿속에 그려야 하죠. 그리고 그 믿음이 나와 다를 수도 있다는 점, 나아가 그것이 참인지 거짓인지까지도 가늠해야 합니다."[1]

누구나 '마음 읽기'를 하며 살아간다. 그리고 유독 이런 능력이 뛰어난 사람들이 있다. 하지만 과연 우리는 정말 타인의 마음을 제대로 읽고 있는 걸까?[2] 시카고대학교 니콜라스 이플리(Nicholas Epley) 교수는 동료들과 함께 이 질문에 답하기 위한 실험을 설계했다. 그는 연인이나 부부를 각각 다른 방에 나눠 앉혔다. 한 사람은 "내가 다시 인생을 산다면, 분명 다른 선택을 할 것이다." "런던이나 파리에서 1년쯤 살고 싶다." "나는 파티보다는 조용한 집에서의 저녁을 더 좋아한다." 같은 진술문 20개를 받고, 각 문항에 대해 '전혀 동의하지 않음(1점)'부터 '매우 동의(7점)'까지 점수를 매겼다.[3] 그리고 다른 방에 있는 파트너는 상대방이 각 문항에 대해 어떻게 대답했을지 예측하도록 했다. 그뿐만 아니라 자신이 몇 개나 맞혔는지도 추정하게 했다.

이 커플들은 평균 10.3년을 함께해온 사이였고 이들 중 절반 이상(58퍼센트)은 결혼한 상태였다. 서로에 대해 잘 안다고 해도 될 만한 관계였다. 그것이 아니더라도 최소한 낯선 사람보다는 더 잘 맞힐 거라 기대할 수 있었다. 만약 그렇지 않다면 실험이 끝난 뒤 차 안 분위기가 꽤 어색해졌을지도 모른다.

예상대로 이들은 무작위로 찍는 것보다는 상대의 생각을 더 잘 맞혔다. 하지만 그 차이는 그리 크지 않았다. 전혀 감이 없는 상태에서 찍는다면 평균적으로 2.85개 정도 맞히는데, 실험 참가자들은 평균 20문항 중 4.9개를 맞혔다. 하지만 이보다 더 인상적인 사실은 '자신이 얼마나 잘 맞췄다고 생각했는가'와 '실제로 얼마나 맞췄는가' 사이의 격차였다. 평균적으로 4.9개밖에 맞히지 못했지만 참가자들은 자신이 20문항 중 12.6개는 정확히 맞힐 것이라 믿었다. 다시 말해 그들은 타인의 생각을 잘 읽는다고 '착각'하고 있었다.

이플리 교수는 이렇게 말한다. "문제는 우리가 이 능력에 대해 지나치게 자신감을 갖고 있다는 점입니다. 그런데 그 자신감은 실제 능력과 거의 관계가 없어요. 우리는 판단이 정확한지 아닌지를 가늠하는 능력도 별로 없습니다."[4] 이플리의 실험은 우리가 얼마나 '마음 읽기'에 서툰지를 여실히 보여준다. 그리고 실험에 참가한 사람들이 전혀 모르는 사이 혹은 친구도 아닌 배우자였다는 사실이 중요하다. 서로에 대해 속속들이 알고 오랜 시간을 함께한 사이였음에도 결과는 그다지 좋지 않았다. 가까운 사람의 생각조차 이 정도밖에 예측하지 못한다면 친구나 상사, 동료, 멘토, 심지어는 낯선 사람이 나를 어떻게 생각하고 있을지에 대해 우리가 얼마나 잘못 짐작하고 있을지는 말할 필요도 없다.

결국 우리는 '정확하지 않은 생각'에 너무 많은 시간과 에너지를 쓰고 있는 것이다. 나는 수많은 고성과자들과 일해 왔지만 정확하게 마음을 읽는 사람은 단 한 명도 본 적이 없다. 사실 우리 모두는 이 분야에서 형편없다. 대부분의 사람은 자신이 누군가의 생각을 알고 있다고 믿는다. 누군가가 나를 어떻게 생각하는지 이미 다 알고 있다고 확신하고 그것에 맞춰 행동하거나 반응하기도 한다. 이런 잘못된 믿음은 종종 FOPO에 불을 붙이는 성냥 역할을 한다. 하지만 상대가 직접 표현하지 않는 한, 우리가 아는 것은 사실상 '추측'일 뿐이다.

대개 우리는 머릿속에서 몇 가지 단서를 엮고는 하나의 이야기로 만든다. 그 이야기는 세상을 이해하는 데 잠깐 도움이 될 수는 있지만, 어디까지나 '내 해석'일 뿐이다. 그리고 그 해석은 대체로 빗나가 있다. 혹은 완전히 틀렸거나. 노벨 경제학상을 수상한 심리학자 대니얼 카너먼은 이렇게 말했다. "우리는 자기 의견이나 판단, 상대에게 받은 인상에 지나치게 자신감을 가지고 있습니다. 세상이 얼마나 정확하게 예측 가능한지를 과장해서 믿고 있죠."[5]

우주에서 가장 복잡한 시스템, 뇌

다른 사람의 마음을 읽어내려 애쓰는 대신 그 사람의 입장이 되어보면 좀 더 정확히 알 수 있지 않을까? 이플리는 동료 연구자 메리 스테펠(Mary Steffel), 탈 에얄(Tal Eyal)과 함께 이런 가정을 검증해 보고자 한 가지 실험을 진행했다.[6] 사실 이 방향은 낯설지 않다. 데일 카네기는 이미 1935년에 출간한 자기계발 고전 『인간관계론』에서 이렇게 말한 바 있다.[7] "진심으로, 다른 사람의 입장에서 생각해 보세요."

그의 말은 특별할 것 없는 상식처럼 들린다. 다른 사람의 관점이 되어보면 그 사람의 마음을 좀 더 잘 이해할 수 있을 것 같지 않은가? 하지만 현실은 그렇지 않았다. 실험 결과 오히려 그 반대였다. '상대방의 관점을 적극적으로 상상해보는 것'이 다른 사람의 생각과 감정을 더 잘 예측하는 데 도움이 된다는 증거는 거의 없었다. 오히려 정확도는 떨어졌고 자신감만 올라가는 경우가 많았다.[8] 도대체 무엇이 문제일까? 왜 우리는 상대의 말 뒤에 숨은 의도나 감정을 온전히 파악하지 못하는 걸까?

그건 우리가 우주에서 가장 복잡한 시스템을 해석하려 하기 때문이다. 바로 인간의 뇌다. UC 샌디에이고의 뇌과학자 라마찬드란(Ramachandran)에 따르면 인간의 뇌에는 약 860억 개의 뉴런이 있으며, 각 뉴런은 평균 수천 개의 시냅스를 통해 다른 뉴런들과 연결되어 있다. 이처럼 방대한 연결망을 바탕으로 인간의 사고와 감정, 행동이 형성된다.[9] 이처럼 복잡한 시스템을 해석하려 할 때 가장 유용한 전략은 무엇일까?

질문하는 것, 즉 '묻는 것'이다. 에얄, 스테펠, 이플리의 연구는 다음과 같은 사실을 확인해 주었다. 상대의 생각을 가장 정확히 이해할 수 있는 방법은, 그들이 생각과 감정을 솔직하고 정확하게 표현할 수 있는 상황을 만들어 직접 묻는 것이었다.[10] 누군가의 생각이나 의견이 궁금하다면 혼자 추측하지 말고 그 사람에게 직접 물어보라. 그리고 귀 기울여 들어라. 나 역시 이 단순한 진리를 훨씬 일찍 알았더라면, 멘토와의 관계가 더 나아졌을지 모른다. 그때 그에게 나에 대해 어떻게 생각하는지를 '질문'하지 않고 내 식대로 해석하고 판단했다. 그 판단이 꼭 틀렸다고는 할 수 없겠지만, 적어도 내 관점을 더 깊이 들여다볼 수 있는 기회를 놓친 것은 분명했다. 우리가 누군가의 말을 해석할 때 그 해석은 종종 상대에 대한 이야기보다 나 자신에 대한 이야기를 더 많이 담는다.

하지만 우리는 그것을 자각하지 못한다. 내 해석이 곧 '진실'이 되어버리고 그 순간부터 호기심을 가질 기회를 잃어버린다. 그저 나만의 이야기 속에서 내가 만든 갈등 구조의 '상대방'을 탓할 뿐이다. 그때 멘토에게 직접 물어봤더라면 아마 그의 생각과 감정을 더 잘 이해할 수 있었을 것이다. 그랬다면 단지 관계를 유지하는 것을 넘어 그와 더 깊이 연결되는 가능성이 열렸을지 모른다. 어쩌면 그는 나처럼 심리학에 대한 낙인을 없애고 싶어 했을지도 모른다. 누가 알겠는가?

한 가지 확실한 건 내가 그때 취한 '거리 두기' 전략은 그 어떤 관계의 가능성도 닫아버리는 선택이었다. 그리고 무엇보다 뼈아픈 실수는 그에게 다가가는 과정 속에서 나 자신에 대해 더 깊이 이해할 기회를 잃었다는 점이다. 그와의 대화는 내 감정을 미뤄두고 그의 감정에 집중하는 일이 아니라, 내가 느끼고 있는 복잡한 감정들을 정면으로 마주하고 표현할 수 있는 기회였을 것이다. 내가 어떤 사람인지, 지금 무엇을 느끼는지를 솔직하게 꺼내는 그 단순한 행동이 바로 FOPO의 해독제다. FOPO는 늘 회피와 투사에서 비롯되기 때문이다.

그날 밤 라스베이거스에서 나는 멘토의 의견에 지나치게 많은 의미를 부여해 버렸다. 다른 길을 선택할 수도 있었는데, 이 길을 선택한 것처럼 타인의 의견이 나에게 영향을 미치는 것은, 어디까지나 내가 그 의견에 힘을 실어줄 때뿐이다.

스포트라이트 법칙.
짐작하고 넘겨짚지 말고 물어보라

○ '마음 읽기' 게임

당신의 마음 읽기 능력을 실험해보고 싶다면 배우자(연인)나 친구 혹은 상사(감당할 자신이 있다면)에게 이 게임을 제안해보라. 펜과 종이만 있으면 된다. 게임은 다음과 같은 순서로 진행된다.

1. 세팅하기

편안한 공간에 앉아 두 사람 사이에 사소한 물건을 하나올려두자. 휴대폰, 촛불, 열쇠처럼 평범한 물건이면 된다. 이 물건은 상대방의 주의를 살짝 다른 데로 돌리는 역할을 한다. '마음 읽기' 역할극을 제대로 즐기고 싶다면 분위기 설정도 중요하다.

2. '마음 읽기' 방식 정하기

눈을 감고 깊이 집중하거나, 눈을 뜬 채 상대의 표정과 몸짓을 살피는 등 본인에게 맞는 방식으로 집중해보자.

3. 연상되는 것 기록하기

상대에게 지금 떠오르는 생각이나 이미지, 기억 등을 적어달라고 하자. 그다음 지금 당신에 대해 어떤 생각을 하고 있는지도 적어달라고 요청하자.

4. '마음 읽기' 실행

이제 상대의 생각이 무엇이었는지, 그리고 당신에 대해 어떤 의견을 가졌는지 추측해서 말해보자. 자신 있게 표현하자.

5. 비교하기

마지막으로 실제 상대의 생각과 당신의 추측을 비교해보

자. 얼마나 정확했는가? 혹시 마음을 읽는 능력이 당신의 새 직업이 될 수도 있을까?

우리는 모두 크든 작든 매일 누군가의 마음을 읽으려 한다. 상대의 말투, 표정, 몸짓, 행동을 해석하며 그 속에서 무언가를 끄집어내려 애쓴다. 문제는 상대방도 그것을 알아차린다는 점이다. 그래서 자신이 보이고 싶어 하는 방향으로 스스로를 통제하기도 하고, 때로는 의도적으로 착각을 유도하기도 한다.

이것은 말 없는 게임이다. 숨기고 추측하고 때때로 오해하며 벌어지는 인간 사이의 복잡한 게임이다.[11] 다른 사람의 마음을 헤아릴 수 있는 능력은 인간을 사회적 존재로 만들어준 소중한 능력이다. 하지만 그 능력에 너무 의존해서는 안 된다. 우리가 타인을 읽을 능력이 발달했다 해도 적어도 인생의 중요한 선택이나 방향을 그 '추측'에 맡길 정도로 잘하진 않는다. 그러니 정말 궁금하다면, 그냥 물어보라.

9장. 세상을 열 개의 눈으로 보라
크고 작은 믿음이 당신을 제한하고 있다

●

인간이 가장 잘하는 일은 새로운 정보를 해석해
기존의 결론을 바꾸지 않는 것이다.
— 워런 버핏(투자가)

2015년 영국 랭커셔의 한 작은 마을, 세실리아는 딸의 결혼식에 입을 드레스를 사기 위해 쇼핑에 나섰다. 그녀는 50파운드짜리 드레스와 함께 고려했던 다른 두 벌을 사진으로 찍어 딸에게 보냈다. 딸은 사진을 보고 이렇게 물었다.

"엄마, 흰색이랑 금색 드레스를 산 거야?"

"아니야, 파랑이랑 검정이야."

"엄마, 그게 파랑이랑 검정이라고 생각하면 병원에 가봐야 해."[1]

그렇게 시작된 논쟁은 예상치 못한 방향으로 흘러갔다. 딸은 사진을 페이스북에 공유했고 며칠 뒤 그녀의 친구가 그 사진을 텀블러에 올리며 누리꾼들에게 도움을 청했다.

"이 드레스 색깔이 도대체 뭐예요?"

그리고 다음 날, 인터넷은 들끓기 시작했다. 카니예 웨스트, 킴 카다시안, 테일러 스위프트까지 모두 이 드레스의 색에 대한 논쟁에 뛰어들었다. 미국의 뉴스 플랫폼 버즈피드는 서버가 마비될 뻔했고[2] 세실리아는 미국의 코미디 토크쇼까지 출연했다. 전 세계가 이 드레스의 색을 두고 논쟁을 벌였고 과학계까지 나서게 되었다.

왜 어떤 사람들은 드레스를 파란색-검정색으로, 어떤 사람들은 흰색-금색으로 보는 걸까?

우리는 세상을 있는 그대로 보지 않는다

이 수수께끼를 풀어낸 것은 뇌과학이었다. 결론은 이렇다. "지각(perception)은 사람마다 각자 다르게 작동한다." 우리가 인식하는 드레스의 색은 우리 뇌가 사진 속 조명 조건을 어떻게 해석하느냐에 따라 달라진다.[3] 드레스가 어두운 그림자 속에 있는지 혹은 밝게 빛나는 방 안에서 색이 바래 보이는 건지 사진만으로는 알 수 없다.

그래서 뇌는 부족한 정보를 스스로 채워 넣는다. 사실이 부족한 상황에 처하면 뇌는 가정을 만들고 추론을 한다. 그리고 우리는 그 추론의 결과를 '현실'이라고 받아들인다. 즉 우리가 현실이라고 믿는 것은 사실 '믿음'에 기반한 것이다. 이 원리는 삶 전반에 걸쳐 적용된다.

대부분의 사람은 지각을 '감각 정보'를 받아들여 조합하는 과정이라고 생각한다. 이를 하향식 처리라고 한다. 퍼즐 조각처럼 하나하나의 감각 정보가 모여 전체 그림이 형성된다고 여긴다. 예를 들어 완성된 퍼즐의 모습을 보여주는 상자 커버가 없어도, 퍼즐을 받아서 조각을 하나씩 맞춰가다 보면 어느 순간 전체 이미지가 떠오르는 것처럼 말이다.[4]

하지만 실제로 뇌는 그렇게 단순하지 않다. 뇌는 정보를 수동적으로 받아들이는 것이 아니라 스스로 현실을 만들어낸다. 뇌는 기존의 경험, 지식, 맥락, 기대를 통해 새롭게 들어오는 정보를 해석한다. 우리는 아주 어릴 때부터 이 세상을 살아가기 위한 '머릿속 지도'를 만들어간다.[5] 그리고 이 지도는 우리가 예측 가능한 세계를 믿고 싶어 하는 본능과 맞닿아 있다.

뇌는 불확실한 상황을 싫어한다. 그래서 매 순간 일어날 일을 예측하고, 그 예측이 우리가 경험하는 세계를 결정짓는 데 영향을 끼친다. 정리하자면 지각은 위에서 아래로 내려오는 예측 필터이며, 이 필터가 우리의 현실을 결정한다. 우리는 세상을 있는 그대로가 아니 믿고 싶은 방식대로 해석하며 살아간다. 세실리아와 딸이 드레스를 본 방식처럼 우리는 각자의 믿음이 투영된 세계를 살아가고 있는 셈이다.

우리가 살아가는 세상은 뇌가 조합해 만든 현실이며 그 현실은 실제와 다를 때가 있다. 때로는 드레스 색 논쟁처럼 현실을 잘못 인식하곤 한다. 달이 지평선에 있으면 더 크게 보이지만 실제 크기는 변하지 않는 것이나 고릴라가 농구하는 사람들 사이를 지나가도 보지 못하는 부주의 맹시(inattentional blindness) 현상[6]도 같은 원리다.

우리는 있는 그대로가 아닌, 예상한 것을 보려는 경향이 있다. 요크대학교 심리학 교수 제임스 앨콕(James Alcock)은 이렇게 말한다. "우리의 생각과 감정, 행동과 반응은 세상이 실제로 어떤가에 반응하는 것이 아닙니다. 우리는 결코 현실을 직접 알 수 없기 때문이에요. 우리는 세상이 그렇다고 믿는 방식에 따라 살아갑니다."[7]

사실과 해석 사이에는 간극이 존재한다

우리가 타인의 의견을 어떻게 받아들이고 해석하는지도 결국 우리 안의 믿음과 편향에 달려 있다. 제임스 앨콕의 말을 빌리자면, 우리는 대부분 타인의 의견을 있는 그대로 받아들이고 반응하지 않고 그 사람이 그렇게 생각하고 있을 것이라는 믿음에 따라 반응한다. 즉 타인의 의견을 있는 그대로 해석하는 것이 아니라, 우리 내면의 필터를 거친 뒤 해석하는 것이다.

타인의 시선에 대한 두려움(FOPO)을 깊이 이해하려면, 이 두려움이 얼마나 선제적인 성격을 띠는지를 알아야 한다. 우리는 거절당하지 않고 관계에 속하기 위해, 상대가 어떻게 생각할지를 미리 추측하는 데 에너지를 쏟는다. 끊임없이 주변의 분위기를 살피며 자신에게 위협이 될지 기회가 될지를 판단하려 애쓴다. 결국 목표는 단 하나. 조롱당하거나, 웃음거리가 되거나, 따돌림을 당하거나, 소외되는 일을 피하고 싶은 것이다.

그래서 우리는 아주 작은 단서를 포착해 미리 상대의 생각을 예측하여 그 의견에 맞추거나, 그 의견을 바꾸거나, 거부하려 든다. 이처럼 끊임없이 경계하는 이유는 바로 '모른다는 것'에서 오는 불안 때문이다. 영화감독 알프레드 히치콕은 이렇게 말했다. "무서운 건 '빵!' 하는 소리가 아니라 그 소리를 기다리는 순간입니다."

우리가 두려워하는 것은 아직 일어나지 않은, 아니 어쩌면 애초에 일어날 가능성조차 없을 수도 있는 타인의 부정적 평가다. 하지만 그것이 일어날 수도 있다는 이유만으로 우리는 위협을 느끼고 반응한다. 그리고 상대방의 진짜 의도가 무엇인지 알 수 없을 때 더욱 스스로의 해석에 의존한다. 이 해석은 자신에 대한 믿음, 관계에 대한 믿음, 세상에 대한 믿음 등 각자의 신념 체계에 뿌리를 두고 있다. 그리고 위협을 느낄수록 그 신념에 더 깊이 매달리게 된다. 그 결과, 우리는 새로운 사실을 받아들이기보다 이미 알고 있다고 믿는 것에 맞는 증거를 찾는 데 집중하게 된다.

타인이 우리를 어떻게 생각하는지 알아내려 할 때조차, 그 해석은 종종 상대의 진심보다 우리의 내면을 더 많이 반영한다. 해석해낸 타인의 의견과 그 실제 내용은 완전히 다를 수 있다. 많은 경우 타인의 의견이라고 믿는 것은 사실 스스로에 대한 믿음을 반영한 결과일 뿐이다.

그리고 우리는 아직 벌어지지 않은 상황에 대비한다는 명분으로 행동을 취한다. 이것은 오히려 그 일이 실제로 벌어지도록 힘을 만들어내기도 한다. 심리학에서는 이를 '대인 기대 효과(interpersonal expectancy effect)'라고 부른다. 이는 어떤 영적인 이야기나 철학적인 개념이 아니다. 인간의 마음과 뇌가 작동하는 방식 그 자체이다.

예를 들어 보자. 예전에 당신이 어려운 시절을 건널 때, 그 곁을 지켜준 좋은 친구가 있다. 그는 놀라운 배려심과 헌신으로 당신과 함께했다. 그 후 시간이 흘렀고, 이번에는 그 친구가 연애 문제로 힘든 시기를 보내게 된다. 당신은 여전히 일로 지쳐 있고 아직 문제도 완전히 회복되지 않은 상태. 게다가 그는 평소에 도움을 요청하는 스타일도 아니고 주변에 그를 아끼는 사람들도 많다. 자연스럽게 당신과 그는 예전만큼 자주 만나지 못하게 된다.

그러다 어느 날, 문득 이런 생각이 든다. '혹시 그 친구가 내가 자기를 외면했다고 생각하는 건 아닐까?' 그 생각을 뒷받침할 증거는 아무것도 없지만 당신은 점점 친구와 거리를 두게 된다. 예전처럼 아무렇지 않게 그의 집에 들르는 일도 줄어든다. 어느새 예전의 편안함과 즉흥성은 사라지고 스스로 만든 불편함 속에 갇히게 된다. 그리고 그렇게 몇 년이 흐른다. 어느새 두 사람 사이엔 알 수 없는 빈틈이 생겨버린다. 이 경우 당신은 자신이 만든 해석에 따라 행동했고, 그에 걸맞은 결과를 스스로 만들어낸 것이다.

확증 편향의 덫에서 벗어나기

인간의 뇌는 기존의 신념이나 기대를 뒷받침하는 정보에 더 쉽게 주목하고, 해석하고, 기억하는 경향이 있다. 이러한 성향을 가리켜 '확증 편향(confirmation bias)'이라고 부른다. 1970년 영국 심리학자 피터 와슨(Peter Wason)에 의해 처음 정의되었다. 그의 연구에 따르면 사람들은 이미 진실이라고 믿고 있는 신념을 강화하는 정보만을 선호하고 그와 반대되는 정보는 무시하거나 대수롭지 않게 여긴다.[8]

문제는 이 확증 편향이 대부분 무의식적으로 작동한다는 점이다. 우리는 종종 자신이 편향된 사고를 하고 있다는 사실조차 인식하지 못한 채 행동한다.[9] 확증 편향에 대해 배우고 나자 세상 모든 곳에서 그 사례가 보이기 시작했다. 확증 편향은 광범위하고 흔하게 일어나고 있었다. 우리는 신념을 지지하는 증거는 금세 찾지만 그 믿음을 뒤흔드는 증거에는 둔감한 편이다. 그리고 이러한 확증 편향은 오랜 시간 인간의 사고와 행동에 영향을 미쳐 왔다.

르네상스 시대의 철학자 프랜시스 베이컨은 이미 400여 년 전에 이런 사실을 간파했다.

일단 인간의 이성이 어떤 의견을 받아들이게 되면, 그것이 사회적 통념이든 스스로에게 익숙한 신념이든 간에, 나머지 모든 정보는 그 의견을 지지하는 쪽으로 해석되기 마련이다. 반대되는 사례가 훨씬 많고 중요할지라도 인간은 그것을 무시하거나 무시할 이유를 만들어내어, 끝내는 기존 의견의 권위를 지키고자 한다.[10]

노벨 경제학상을 수상한 행동경제학자 대니얼 카너먼은 "사람은 사고할 때도 시각과 같은 방식으로 판단한다."라고 말한다. 그는 이렇게 설명한다. "시각 정보는 본래 모호함이 많지만, 뇌는 그 모호함을 제거하고 하나의 해석을 선택한다. 그리고 우리는 그 모호함조차 인식하지 못한다."[11] 카너먼은 이를 설명하기 위해 '오리-토끼 착시 이미지'를 예로 든다. 이는 미국 심리학자 조지프 재스트로(Joseph Jastrow)가 처음 소개한 이미지로, 한 그림 안에 오리와 토끼의 모습이 동시에 담겨 있다. 사람들은 이 그림을 오리로 보기도 하고 토끼로 보기도 하지만 동시에 둘 다를 볼 수는 없다. 이처럼 뇌는 하나의 해석을 선택하고 다른 가능성은 밀어낸다.

그는 이렇게 말한다. "확증 편향은 우리가 어떤 해석을 택하고 나서, 위에서 아래로(top-down) 모든 정보를 그 해석에 맞

출처: Creative Commons

[그림 9-1] 오리-토끼 착시 이미지

춰 끼워 맞출 때 발생한다. 이는 시각적 모호함을 해소하는 방식과 매우 유사하며 사고 과정에서도 같은 일이 일어난다고 볼 수 있다."[12]

이런 편향은 뇌가 방대한 정보를 효율적으로 처리하고자 하는 메커니즘, 즉 휴리스틱(heuristics, 직관적 판단 방식)에서 비롯된다. 휴리스틱은 빠른 판단을 가능하게 하지만, 그 대가로 정확성과 객관성은 희생된다. 결국 익숙한 정보를 우선시하고 낯선 정보는 배제하려는 경향이 생긴다.

인간은 오랜 시간 생존하기 위해서 위협을 민감하게 감지해야 했다. 예를 들어 숲속에서 나뭇가지 부러지는 소리가 들렸다. 이때 호랑이가 접근 중이라고 짐작하는 것은 지나친 반응 같아도, 생존에는 오히려 유리했다. 현대 사회에서도 이러한 정신적 지름길을 이용하는 것은 일정 부분 유용하다. 시간이 부족할 때 신속한 결정을 내려야 하니까 말이다. 그러나 때로는 이런 단순화된 판단 방식이 우리를 엉뚱한 방향으로 이끌기도 한다.

예전에 한 스타트업의 임원과 함께 일한 적이 있다. 그는 일과 삶의 심각한 불균형을 겪고 있었으며 그로 인해 일 외의 영역이 크게 손상되고 있었다. 그는 '성공은 오직 성실함과 노력 공들인 시간의 결과물이다.'라는 신념을 철석같이 믿고 있었다. 문제는 최근 2분기 동안 회사의 매출이 급감했다는 점이다. 그는 그 원인을 찾기 시작했고 결국 '영업팀이 나태해졌고 근무 시간이 줄어든 탓'이라고 결론 내렸다. 그러고는 그에 맞는 증거도 찾아냈다. 직원들이 재택근무 중 일하는 시간이 줄어든 것이 눈에 띄었기 때문이다. 그는 곧바로 재택근무를 중단하고 전원 사무실 복귀를 지시했다.

하지만 매출은 회복되지 않았다. 오히려 운영 비용이 늘어났고 사무실 복귀를 원치 않던 핵심 영업 인재 두 명이 회사를 떠났다. 직원들의 사기는 뚝 떨어졌고 갑작스러운 복귀 지시에 대한 불안감이 조직 전반에 퍼지고 말았다.

결국 회사는 외부 경영 컨설턴트를 고용해 상황을 진단받은 후 문제의 본질을 깨달을 수 있었다. 본질은 나태함이 아니라 번아웃이었다. 직원들은 재택근무로 일과 삶의 경계가 사라져 주말이나 야간에도 계속 온라인으로 연결된 상태로 일하고 있었던 것이다. 표면적으로는 평일 근무 시간이 줄어든 것처럼 보였지만, 실제 총 노동 시간은 오히려 늘어나 있었다. CEO는 자신의 신념에 부합하는 정보만 선택했고, 반대되는 신호는 외면했다. 그 결과 문제를 해결하기는커녕 오히려 더 악화시킨 셈이다.

'믿는다.'라고 말하는 것들은 결국 진실이라 여기는 생각이나 관념이다. 믿음은 끝없이 펼쳐진 세상을 특정한 방식으로 좁혀서 우리가 인식하는 현실을 만들어낸다. 우리는 믿음을 위해 전쟁을 벌이기도 하고 감옥에 가기도 하며 결혼이라는 중대한 결정을 내리기도 한다. 어떤 믿음은 우리를 강하게 만들고 어떤 믿음은 우리를 제한한다. 하지만 크든 작든 모든 믿음은 우리를 '규정함'으로써 우리를 제한한다.

누군가 나에 대해 어떤 의견을 가졌고, 그것이 위협이 될 수 있다고 느끼는 순간마다 우리는 선택의 기로에 놓인다. 그때마다 과거의 경험을 토대로 지금 이 순간을 해석할 것인가, 아니면 이 순간을 처음 보는 것처럼 새롭게 경험할 것인가? 나의 믿음을 검증할 것인가, 호기심을 선택할 것인가?와 같은 기로에서 고민한다. 우리는 진짜로 이 순간을 처음 겪고 있는 중이다. 완전히 새로운 순간이기 때문이다.

누구나 편견을 가지고 있다

누구나 특정한 사람, 사물, 생각에 선호나 반감을 가지고 살아간다. 때로는 스스로 인식조차 하지 못한 채 말이다. 혹시 자신은 편견이 없다고 느낀다면 다음 질문에 대해 스스로 어떤 감정을 느끼는지 한번 점검해보라.

- 트랜스젠더 여성이 스포츠 대회에 출전하는 것에 대해 어떻게 생각하는가?
- 기후 변화가 거짓이라고 말하는 사람에 대해서 어떻게 생각하는가?
- 노숙인 문제 해결을 위해 당신의 동네에 정부 지원 주택을 짓자고 말하는 사람은?

- 백신 접종을 의무화하자는 주장에 대해서는?
- 전기차를 타는 사람을 보면 어떤가?
- 개보다 고양이를 좋아하는 사람에 대해서는?

위 질문들을 읽으며 마음속 어딘가가 살짝 흔들렸을지도 모른다. 왜냐하면 뇌는 본능적으로 모든 것을 범주화하기 때문이다. 우리는 좋아하는 것과 싫어하는 것으로, 익숙한 것과 낯선 것으로 나누며 판단한다. 편견에서 자유로운 사람은 없다.

스포트라이트 법칙.
유추되는 상황을 다르게 생각해보라

'확증 편향'이 어떻게 우리의 해석을 왜곡하는지를 더 깊이 이해하려면 내가 가진 믿음을 정면으로 반박하는 정보를 일부러 찾아보는 연습이 필요하다. 이번 과제는 내가 추측하는, '나에 대한 타인의 의견'을 다시 살펴보는 것이다. 그 의견은 직접 표현되었을 수도 있고 명확히 말하지 않았지만 내가 그렇게 느낀 것일 수도 있다.

예를 들어 '상사는 나를 견제해서 새 프로젝트 팀에 끼워

주지 않았어. 저 사람은 옛날 방식을 고수하는 상사고, 사람을 키우기보다는 통제하는 걸 더 좋아해.'라는 생각이 든다. 이를 두 부분으로 나눠 보자.

첫째 '내 믿음' 부분이다. '상사는 나를 위협적이라고 느끼고 통제하려 든다.' 이런 믿음은 대부분 아무 일도 없었는데 갑자기 떠오르는 것이 아니다. 과거 그와 일하며 겪었던 경험이 이 생각을 뒷받침하고 있을 가능성이 크다. 그리고 그 경험은 아주 추상적일 수도 있다. '요즘 기업은 대부분 상명하복 식이다.' 같은 일반화된 믿음처럼 말이다. 혹은 이전 직장에서의 경험이 영향을 주었을 수도 있다. '전 직장 상사는 늘 자기 중심적이었고, 내 편이 되어준 적이 한 번도 없었다.' 또는 지금 상사와의 특정한 순간일 수도 있다. '내가 새 프로젝트에 대해 듣고 들뜬 마음을 표현했더니 눈을 동그랗게 뜨고 나를 봤다.' 이 모든 것들이 결국 지금의 믿음을 형성한 배경이다. 그리고 우리는 바로 그 '필터'를 통해 타인의 의견을 해석한다.

이제 둘째 '다른 사람의 의견'을 들여다보자. 지금의 예시에서는 그 상사가 나를 팀에 넣지 않았다는 사실이 있다. 여기에 대해 지금 믿는 해석 외에도 다른 가능성을 상상해보라. 사실이 아닐 것 같아도 괜찮다. 그저 상상력을 발휘하는 것이다. 소설을 쓰듯 말이다.

예를 들어 '사실 상사는 나를 팀에 넣고 싶어 했다. 하지만 이미 다른 간부와 약속한 바가 있어 어쩔 수 없었다.' '상사는 나를 더 성장시킬 수 있는 자리에 배치하려고 고민하고 있다.' '눈을 동그랗게 뜬 건 나를 못 넣어서 답답했기 때문이다.' 이런 식으로 전혀 다른 시선으로 그 사람의 행동을 바라보는 연습을 해보라.

이 연습의 핵심은 내가 이미 갖고 있는 믿음의 틀에서 잠시라도 벗어나 다른 해석의 가능성을 탐색해보는 것이다. 그렇게 할 때 우리는 '타인의 의견'이라는 것이 실제보다 훨씬 더 복잡하고 다양한 가능성을 내포하고 있다는 걸 알게 된다.

10장. 사회적 가면을 벗어라
'나'를 증명하지 않아도 충분하다

●

어떤 인간도 그 자체로 완전한 섬은 아니다.
모든 사람은 대륙의 한 조각이며, 전체의 일부이다.
― 존 던(시인)

1998년 메이저리그 시즌이 끝난 어느 겨울, 슈퍼스타 배리 본즈는 오랜 친구이자 동료인 켄 그리피 주니어의 집에서 저녁 식사를 함께했다. 그해 시즌, 본즈는 마크 맥과이어가 스테로이드를 사용해 홈런 기록을 갈아치우는 모습을 지켜봤다. 식탁에 마주 앉은 자리에서 본즈는 더 이상 공정하지 않은 판에 지쳤다는 말과 함께 예상치 못한 고백을 털어놓았다. "나도 작년에 정말 잘했는데, 아무도 관심 없더라고. 정말 아무도. 스테로이드 관련 말도 안 되는 일들에 대해 내가 뭐라고 해봤자 소용없었어. 이제 나도 서른다섯이야. 앞으로 세 시즌, 많아야 네 시즌 정도밖에 안 남았어. 얼마 남지 않은 시즌 동안 돈 좀 벌어야지. 나도 제대로 된 약 좀 써야겠어. 몸만 안 망가졌으면 좋겠어. 그다음엔 미련 없이 떠날 거야."**1**

이 말은 단순한 불만이 아니었다. 본즈는 게임이 공정하지 않다는 걸 뼈저리게 느끼고 있었고, 결국 그 역시 그 판에 발을 들이기로 결심했던 것이다. 이는 수학자 앨버트 터커(Albert Tucker)가 정의한 '죄수의 딜레마(prisoner's dilemma)'를 연상케 한다.**2** 이 개념은 원래 게임이론에서 출발했지만 이후 60년 넘게 심리학, 경제학, 정치학, 진화생물학 등 다양한 분야에서 인간의 행동을 설명하는 데 활용되고 있다.

죄수의 딜레마는 이런 식이다. 서로 모르는 두 사람이 각자 독립적으로 결정을 내리고, 그 결정은 서로의 결과에 영향을 미친다. 이 게임은 두 가지 방식으로 진행될 수 있다. 첫째, 이기적으로 플레이해서 자신은 더 큰 보상을 받고 상대는 손해를 보게 하는 경우와 둘째, 두 사람이 협력해 함께 이익을 얻되, 자신이 받을 수 있는 최대치보다는 줄어드는 경우. 배리 본즈에게는 규칙을 지키며 약물을 사용하지 않는 선택지도 있었다. 물론 그렇게 했다면 기록이나 수입, 명성 면에서는 손해였겠지만 적어도 룰을 지키는 다른 선수들에게는 유익했을 것이다.

하지만 대부분의 사람은 이기적으로 행동한다. 수많은 실험이 이를 증명했고 그 바탕에는 현대 사회 전반에 깊게 뿌리

내린 '인간은 본질적으로 자기 이익에 따라 움직인다.'라는 믿음이 깔려 있다. 이는 인간의 경제적, 사회적 행동을 이해하는 주요 틀이 되어 왔다.

이런 시선으로 보면 본즈가 결국 스테로이드를 사용한 것도 놀랄 일은 아니다. 자기 이익을 위해 움직인 셈이니까. 그리고 만약 인간이 본질적으로 이기적 존재라는 전제에 동의한다면, 대부분의 사람도 같은 상황에서 비슷하게 행동했을 것이다.

하지만 이야기는 여기서 끝이 아니다. 이스라엘의 심리학자 바르다 리버만(Varda Liberman), 미국의 통계학자 스티븐 M. 새뮤얼스(Steven M Samuels), 심리학계의 거장 리 로스(Lee Ross)는 이 죄수의 딜레마 게임을 약간 다른 방식으로 설계했다. 게임의 구조나 규칙은 모두 동일했다. 단 하나만 달랐다. 참가자들에게 이 게임의 이름을 '공동체 게임(community game)'이라 소개한 것이다.[3]

결과는 극적으로 달라졌다. 무려 70%의 참가자가 협력적인 태도를 보였고 집단 전체의 이익을 고려한 결정을 내렸다. 이 실험은 단지 흥미로운 사례 그 이상이다. 이후 다양한 학문 분야에서 반복 실험을 통해 밝혀진 사실은 '인간은 이기적이기만 한 존재가 아니라, 본질적으로 사회적인 존재'라는 것이다. 이 사회적 본능은 학습을 통해 얻어진 기술이 아니다. 생존을 위한 전략도 아니다. 사회신경과학자 매튜 리버먼(Matthew Lieberman)은 이를 이렇게 설명한다. "우리의 사회적 작동 시스템은 포유류로서 인간에게 내장된 기본 기능 중 하나입니다."[4]

우리는 개별적인 존재였다가 사회성을 배운 존재가 아니다. 원래부터 사회적인 존재로 태어났으며, 살아가며 '개별적 자아'라는 개념을 배운 것뿐이다. 다시 강조하자면 우리는 본질적으로 사회적 존재다. 그리고 이 사실을 깊이 이해하고 늘 상기하는 것은 타인의 시선에 대한 두려움(FOPO)을 다루는 데 중요한 열쇠가 된다.

결국 FOPO는 인정받고, 소속되고 싶은 마음에서 비롯된 것이다. 인간은 누구나 타인과 연결되고 싶어 한다. 타인의 부정적인 시선에 대한 두려움은, 사실 더 깊은 차원의 공포에서 비롯된다. 거절당할지도 모른다는 불안이다. 이 두려움은 단순한 감정이 아니다. 진화적으로 뿌리 깊게 새겨진 공포다. 그래서 FOPO는 삶 곳곳에 쉽게 침투한다. 어떤 사람은 FOPO를 이겨내는 방법으로 "그냥 남이 나를 어떻게 보든 신경 안 쓰면 되잖아."라고 말한다. 하지만 이야기는 그렇게 단순하지 않다.

FOPO를 극복하는 방법은 두 가지가 있다. 첫째, 타인의 안녕을 진심으로 염려하고 사회적 연결을 더 튼튼히 하는 삶을 사는 것. 둘째, 자신의 가치와 목표, 그리고 존재의 목적에 따라 살아가는 것이다. 이 두 가지가 맞물릴 때 FOPO에 쏟아붓는 에너지는 눈에 띄게 줄어들 것이다. 타인을 향한 사랑과 자기 삶의 본질적인 목적이 연결될 때 거기에는 남이 나를 어떻게 볼까 고민할 자리가 남아 있지 않다. 자연스럽게 삶의 중심축이 바깥이 아닌, 내면으로 이동한다.

연결되지 못해 공허한 마음

내가 6학년이던 해, 우리 가족은 북부 캘리포니아에 살고 있었다. 어느 날 오후 엄마가 조심스레 물었다.
"마이클, 무슨 일 있어? 요즘 괜찮은 거 맞니?"
엄마는 평소에도 내 기분을 잘 살펴주는 분이었지만, 그날은 뭔가 달랐다. 엄마가 무슨 말을 하려는지 단번에 알 수 있었다. 잠시 멈칫한 뒤, 나는 조용히 말했다.
"괜찮지 않아요."
엄마는 대답하지 않고 기다렸다. 나는 시선을 피한 채 속으로 계산을 했다. '지금 이 감정을 말해야 할까, 아니면 그냥 넘길까?' 결국 눈가에 차오르는 울음을 억누르며, 목구멍에 차오른 울컥함을 삼켰다. 그리고 다시 말했다.

"네. 괜찮지 않아요."

그 말은 사실상 침묵을 깨기 위한 것이었다. 엄마는 그 말투의 무게를 단번에 알아챘다. 잠시 숨을 고르듯 멈추고는 이렇게 말했다.

"그래, 무슨 일이니?"

나는 대충 얼버무리고 넘어갈까 잠시 망설였다. 하지만 마음속에서 뭔가 말해야겠다는 생각이 더 컸다. 그래서 솔직하게 털어놓았다.

"그냥… 속이 텅 빈 느낌이에요. 뭔가 빠져나간 것 같아요. 여기에요."

나는 배와 가슴 쪽을 가리켰다.

"하나님도 없고, 아무것도 없어요. 그냥… 아무것도요."

엄마는 여전히 눈을 마주치지 않지만 조용히 내 손을 잡아끌더니 따뜻하게 안아주었다. 한 팔은 내 등을 감싸고 다른 손은 내 머리를 감싸 안았다. 우리는 말없이 그렇게 잠시 있었다. 아무 말도 없었지만 그 순간만큼은 괜찮았다. 그 후로도 몇 년 동안 나는 그 '텅 빈 감각'을 느끼곤 했다. 겉으로 보기엔 아무 문제도 없어 보였다. 삶은 잘 굴러가고 있었고, 나도 "괜찮다."라고 말하곤 했다. 그리고 실제로, 많은 부분에서 괜찮았다.

하지만 마음 한구석에는 늘 그 빈 공간이 있었다. 나는 그것을 깊이 들여다보지 않았다. 그냥 '늘 거기 있는 무언가'처럼 받아들였을 뿐이다. 그 대신 다른 감정들로 그것을 덮었다. 서핑이나 스케이드보드, 스키 같은 극한 스포츠로 자극을 추구하며 흥분했고, 앞으로 벌어질 수 있는 모든 나쁜 일들을 걱정하며 대비하려 애썼다. 늘 불안했다. 또한 불안을 피하기 위한 해방구로 쉽게 화를 내고 분노했다. 지금 돌이켜보면 내가 느꼈던 그 공허함은 단순한 사춘기의 혼란이나 우울감 때문이 아니었다.

그건 분명했다. 내가 원하던 방식으로 연결되지 못했다는 사실, 즉 나 자신과 타인과 자연과의 진짜 연결이 없었다는 자각에서 비롯된 것이었다.

내가 잘해서, 혹은 내가 부족해서?

우리가 서로 분리된 존재라는 믿음, 그리고 더 큰 전체의 일부라는 자각을 잃어버린 결과, 현대 사회에는 독특한 현상이 생겨났다. 바로 '고립된 자아'라는 개념이다. 역사를 보면 개인의 욕구와 필요는 항상 공동체 뒤에 있었다. 원시 시대에는 누군가가 자신만의 이익을 좇는다는 건 생존을 포기한다는 말과 같았다. 그 시대에는 공동체의 규범과 가치를 따르고 자신의 욕망을 눌러야만 살아남을 수 있었다. 하지만 지금은 상황이 완전히 달라졌다.

21세기에 들어서며 사람들을 묶어주던 실질적인 연결 고리는 점점 느슨해지고 있다. 신체적 생존을 위협하는 요소는 거의 사라졌고 타인의 보호 없이도 얼마든지 살아갈 수 있다. 다시 말해 더 이상 '부족'은 생존을 위한 필수 조건이 아니다.

오히려 기술의 발전은 물리적 연결을 약화했다. 우리는 서로의 눈보다 휴대폰 화면을 더 오래 들여다보고, 시간을 내어 만나기보다는 메시지를 주고받으며 이모티콘으로 표정과 몸짓을 대신한다. '좋아요' 클릭이 격려의 말이 되고 'ㅋㅋ'가 웃음이라는 행위를, '하트' 하나가 따뜻한 포옹을 대신한다. 또한 지리적 이동성은 우리를 언제든 공동체 안팎으로 쉽게 이동하게 만들었다. 더 나은 일자리, 쾌적한 날씨, 저렴한 집값을 찾아 도시를 옮겨 다니지만, 기술을 통해 '연결'되어 있다는 착각이 유지된다.

우리의 자아는 21세기 현대 문명의 중심에 놓여 있다. 하지만 그 결과 진짜 '자신'으로부터는 멀어졌고 자아의 우상화는 인류 역사상 최고조에 이르렀다. 그 어느 때보다도 개인의 권리와 욕구는 절대적으로 존중받고, 경제, 법, 도덕 문제도 모두 개인이라는 렌즈를 통해 바라본다. 자아의 여정은 철저히 개인적인 탐험이다. 자아의 목표는 행복과 자아실현이다. 자아가 늘 던지는 질문은 이것이다. '지금 나를 행복하게 하기 위해 뭘 해야 하지?'

프랑스 철학자이자 사회학자인 알렉시스 드 토크빌(Alexis de Tocqueville)은 150여 년 전 미국을 보고 이렇게 말했다. "대부분의 미국인들은 더 이상 공동체의 운명에 묶여 있다고 느끼지 않아요. 각자 멀리 떨어져서, 이제는 자기 자신만을 돌봐야 한다고 생각합니다."[5] 이 말은 지금의 우리 모습을 정확히 그려 내고 있다.

자아를 사회라는 맥락에서 분리시키면 다양한 문제가 생겨난다. 그중 하나가 타인의 시선에 대한 두려움이다. 자아 중심 문화에서는 성공도 실패도 모두 오롯이 자기 책임으로 간주된다. 물론 이 생각은 동기부여의 원천이 되기도 한다. '당신은 세상을 바꿀 수 있어요!' 같은 말이 그 예다.

하지만 동시에 이는 정신 건강에 해가 될 수 있다. 삶에서 일어나는 모든 일의 원인이자 결과가 자신이라고 믿게 되어 일이 잘 풀리면 내가 잘해낸 덕이고, 일이 틀어지는 것도 내가 부족한 탓이라고 여긴다. 그 결과 일이 잘되면 과도하게 자화자찬하고, 일이 어그러지면 스스로를 지나치게 탓하게 된다.

이처럼 우리는 경험을 있는 그대로 받아들이기보다 그것을 자아의 가치에 대한 심판으로 받아들인다. 그래서 우리는 늘 '자신의 가치'를 증명하려 하며, 내가 부족하다는 두려움에서 도망치듯 살아간다. 스스로에 대한 판단과 타인의 평가를 앞지르려 하며, 멈추지 못한 채 달리기만 한다.

이런 자아 중심 문화의 연장선상에서 등장한 대표적인 현상이 바로 '가면 증후군(임포스터 신드롬, impostor syndrome)'이다. 이는 자아가 자꾸 자신에게 책임을 돌리려는 습성에 대한 무의식적 책임 회피라고도 볼 수 있다. 특히 능력 있는 사람일수록 이 증후군에 시달린다. 이들은 자신의 성공을 실력보다는 운이나 노력 탓으로 돌린다. 수많은 성취와 실수, 실패와 배움을 다 품지 못한 채, 언젠가 누군가가 자신을 들여다봤을 때 진짜 내가 형편없다는 걸 알게 될까 봐 불안해한다.

계속해서 '나'를 증명하고 방어하려는 태도는 결국 인간관계를 멀어지게 만든다. 『신경 끄기의 기술』의 저자인 마크 맨슨은 이를 이렇게 표현했다. "자기를 증명하려는 욕구가 클수록, 진정한 연결을 맺을 가능성은 낮아집니다."[6] 우리는 관계 속에서 진짜 자신을 드러내기보다 끊임없이 '스스로의 욕구'를 만족시키는 데 집중한다. 그 결과 상대방과 협력하기보다는 경쟁하고, 서로 신뢰할 수 있는 '원' 안에 들어와야 할 사람들을 오히려 밀어내며, 그들을 '두려운 시선'의 영역으로 몰아넣는다.

현대의 자기 계발 산업은 이런 '자기 집착' 문화를 더욱 부추긴다. 주변을 돌아보기보다 자신에게 집중하는 법을 배우도록 유도하고 사람들은 수많은 책, 기사, 인플루언서, 블로그, 상담을 통해 마법의 해결책을 찾아 헤맨다. 어릴 적 상처를 치유하면 삶이 나아질까 하여 끝날 기미가 보이지 않는 상담으로 과거를 정면으로 마주하려 애쓴다. 그 과정에서 끝없이 스스로를 파헤치며 온전한 자신이 되기 위한 열쇠를 내 안에서만 찾으려 한다. 하지만 그렇게 자기를 세계의 중심에 놓는 순간, 우리가 살아가는 지구와도 분리된다. 자신을 지구 '위'에 있는 존재로 착각하면, 지구의 자원을 무분별하게 소비하고 환경을 파괴하며 결국 지구를 위협에 빠뜨린다.

환경 전문 저널리스트 리처드 쉬프먼은 인간과 자연의 단절을 이렇게 묘사했다. "우리가 자연을 함부로 대하는 가장 근본적인 이유는, 인간이란 존재가 자기 자신만의 섬, 자기만의 두개골 안에 갇혀 있는 신처럼 세상과는 별개의 존재라고 믿기 때문이에요. 그런 존재가 세상 밖의 일에 책임을 느낄 리가 없지요."[7]

이처럼 자아가 중심이 된 문화에서는 삶의 의미조차 개인의 과제로 전락한다. 의미와 목적을 더 이상 관계나 공동체, 지구라는 맥락 속에서 찾지 않는다. 오히려 '나는 왜 태어났는가?' '나의 목적은 무엇인가?'라는 질문을 개인이 스스로 해결해야 하는 숙제로 받아들인다.

이쯤에서 우리는 질문을 던져야 한다. 과연 인간은 단지 서로에게 이익을 주고받는 독립된 존재들인가? 아니면 우리는 서로의 관계 속에서 살아가고 연결됨으로써 비로소 진짜 의미를 발견하는 존재인가?

소속되고 싶다는 본능

우리를 지배하는 '자기 중심 문화'는 '자립'이라는 매혹적인 신화를 기반으로 한다. 이 신화는 멋진 이야기의 재료가 되고 브랜드 마케팅에도 제격이지만 그 이면에 숨겨진 진실을 가린다.

본질은 '혼자 힘으로 해내는 사람은 아무도 없다.'라는 것이다. 나는 세계 최고의 운동선수, 예술가, 비즈니스 리더들과 함께 일해 왔다. 이들의 공통점은 단 하나다. 위대한 성취는 언제나 서로 어깨를 맞댄 강한 팀에서 나온다는 사실을 알고 있다는 것이다. '홀로 세상을 바꾼 천재'라고 해서 스티브 잡스, 찰스 린드버그, 마더 테레사, 빈센트 반 고흐 등의 이름을 듣기도 하지만 이건 현실이 아니다. 이들이 모두 '혼자' 무언가를 이뤘다고 알려져 있지만 실제로는 그렇지 않다. 이들이 이룬 일은 언제나 함께한 사람들과의 협업을 통해 가능했다.

뉴욕대학교의 스콧 갤러웨이(Scott Galloway) 교수는 이 신화의 이면을 이렇게 지적한다. "서부 개척을 이끈 건 근성과 쟁기였어요. 멋진 외모에 권총을 찬 백인 남자와 담배 한 갑이 아니었죠. 카우보이들은 허드렛일을 하며 박봉에 시달린 가난한 사람들이었어요. 할리우드와 광고 산업이 그들을 총잡이 영웅으로 만든 겁니다. 실리콘밸리의 눈부신 혁신도 마찬가지입니다. 컴퓨터 칩, 인터넷, 마우스, 웹 브라우저, GPS, 이 모든 것은 정부가 투자한 기술이 기반이에요."[8]

'자립'과 '거칠고 독립적인 개인'은 오늘날의 문화 속에 깊게 뿌리내리고 있다. 하지만 인간에게는 그보다 훨씬 더 깊고 본질적인 욕구가 있다. 바로 '소속감'이다. 사회심리학자 로이 바우마이스터(Roy Baumeister)와 마크 리어리(Mark Leary)는 한 편의 획기적인 논문을 발표했다. 이들에 따르면 소속되고 싶다 욕구는 단지 바람이 아니라 인간의 본능에 가까운 깊은 필요다. 그것은 우리의 생각과 감정, 행동을 좌우하는 강력한 동기다.[9] 그전까지는 인간의 사회적 행동 뒤에 이런 욕구가 작용한다고 보지 않았다. 하지만 바우마이스터와 리어리는 우리가 왜 다른 사람에게 잘 보이고 싶어 하는지, 왜 친절하게 행동하고, 왜 SNS에서 '좋아요'를 받으면 기분이 좋아지고, 왜 어울리기 위해 스스로를 바꾸고, 왜 남들의 시선을 그렇게까지 신경 쓰는지를 설명하는데 이 '소속 욕구'가 결정적인 열쇠라고 보았다.

그들에 따르면 우리의 조상들이 살아남고 번성할 수 있었던 이유는 단 한 가지였다. 무리를 이루었기 때문이다. 아프리카 초원에서 혼자 살아남는 것은 불가능했지만 무리를 이루면 음식도 구하고 짝도 만나고 아이도 돌볼 수 있었으며 위험에서도 서로를 지킬 수 있었다. 하지만 생존을 위해 무리에 속하는 것만으로는 부족했다. 그 무리에 받아들여지는 것, 다시 말해 '너는 우리의 일원이야.'라는 인정을 받는 것이 훨씬 더 중요했다. 마크 리어리는 이를 이렇게 표현한다. "우리가 집단에 속하고 싶어 하는 욕구에는 그 집단에 받아들여지고 싶어 하는 욕구가 함께 따라붙어요." 이처럼 소속되고자 하는 욕구는 수백만 년 동안 인간의 뇌에 각인되어 왔다. 하지만 인간은 단순히 무리 속에 끼고 싶어 하는 존재가 아니다. 우리의 본성은 '나' 중심이 아니라 '우리' 중심에 가깝다.

밑 빠진 독에는 무엇을 부어도 차지 않는다

'분리된 자아'라는 개념은 사실 인간이 만든 허구에 가깝다. 이 생각은 우리를 세상과 단절시키고 나 자신과도 멀어지게 만든다. 열두 살일 무렵 나는 뭔가 비어 있다는 기분을 느꼈다. 하지만 뭘 놓치고 있는 건지 정확히는 알 수 없었다. 연결되고 싶은 그리움, 온전히 이해받지 못하고 있다는 슬픔, 세상에 혼자 남겨진 듯한 외로움… 이런 감정들은 결국 '나는 정말 이 세상에 소속되어 있는가?'라는 결론으로 다다른다. 사람들은 그 답을 바깥에서 찾으려 한다. 누군가가 내게 괜찮다고 말해주기를 바라고 팀에 끼워주기를 바라며 조직에 받아주기를 기다린다. 하지만 아무리 초대받고 인정받고 SNS에서 '좋아요'를 받고, 심지어 결혼을 하더라도 연결된 존재라는 느낌은 쉽게 생기지 않는다. 왜일까? 그건 내가 스스로를 '고립된 존재'라고 믿는 이상 아무리 바깥에서 사랑을 받아도 그 허기를 채울 수 없기 때문이다.

바깥에서 찾는 연결감은 우리 안에 이미 존재한다. 문제는 그 사실을 잊고 산다는 점이다. 사람은 사회적 존재이며 세상 그리고 모든 생명과는 원초적으로 연결되어 있다. 이 연결성은 선택이 아니라 삶의 기본 조건이다.[10] 우리는 기능적으로만 연결된 것이 아니다. 서로 잠깐씩 도움만 주고받는 그런 사이가 아니라 지구적으로, 생명적으로 얽혀 있다.

화생물학자 린 마굴리스(Lynn Margulis)는 이렇게 말한다. "다윈이 발견한 가장 위대한 진실은 모든 생명체가 시간 속에서 연결되어 있다는 것이에요. 캥거루든, 박테리아든, 인간이든, 도롱뇽이든 우리 모두는 화학적으로 놀라운 유사성을 가지고 있지요. 러시아의 지질화학자 베르나츠키(Vladimir Vernadsky)는 여기에 공간적 연결성도 덧붙였습니다. 우리가 내쉬는 이산화탄소는 식물에게는 생명의 원천이 되고 식물이 내뿜는 산소는 다시 인간에게 생명을 줍니다. 하지만 이 연결은 단지 공기만의 문제가 아니에요. 우리는 물리적으로도 연결되어 있습니다. 예를 들어보죠. 흰개미의 장 속에는 원생생물이 살고, 나무의 뿌리에는 곰팡이가 공생합니다. 새들이 나무 사이를 날아다니며 곰팡이 포자를 퍼뜨리고, 그 새의 배설물에는 곤충과 미생물의 세계가 존재해요. 비가 내리면 이 포자들은 다시 나무에 튀어 올라가고, 그 자리에 새로운 생명이 싹틉니다."[11]

이처럼 우리는 원자 수준에서조차 서로 연결되어 있다.

'나'에서 벗어나면 세상이 당신을 품고 있을 것이다

당신보다 더 크고 깊은 무언가와 연결되어본 적이 있는가? 우리는 그때야말로 타인의 평가나 스스로 만들어낸 부정적인 생각에 휘둘리지 않게 된다. 더 이상 작은 웅덩이가 아니라 깊고 넓은 바다가 되기 때문이다. 이런 말이 와닿지 않을 수 있다. 힘들 때 우리는 본능적으로 자기 자신에게 집중한다. 의도하지 않아도 '지금 내가 왜 이럴까?' '어떻게 해야 나아질까?' 하고 자꾸 자신을 들여다보게 된다.

하지만 이때 시선을 자기 안이 아닌 바깥으로 돌려보라. 아이러니하게도 시선이 바깥을 향할 때 오히려 자기 자신과 더 깊이 연결될 것이다. 자신을 내려놓을수록 진짜 자신과 한걸음 가까워진다. 그리고 그 시작은 자신보다 더 큰 무언가를 향한 목표를 세우는 것이다. 우리가 가진 고유한 강점과 덕(德)을 다른 사람이나 지구 같은 더 큰 목적을 위해 쓸 때, 우리는 '서로 연결된 생태계의 일부'라는 사실을 실감하게 된다. 이는 단지 어딘가에 가입해서 소속감을 느끼는 차원이 아니다.

예를 들어 "동아리에 들어가니 소속감이 생겨요."라는 식의 단순한 소속감과는 다르다. 자신보다 더 큰 목적을 품는다는 건, 우리가 세상과 깊이 연결되어 있다는 사실을 자각하게 해주는 통로다. 인간은 결코 고립된 존재가 아니라는 것, 우리의 진짜 본모습은 '타자와의 연결'이라는 맥락 속에서만 비로소 온전히 이해될 수 있다는 것을 일깨워준다. 즉 자기 자신이라는 좁은 프리즘에서 벗어나야 더 넓은 시야를 가질 수 있다.

스포트라이트 법칙.
초점을 '나'가 아닌 '선(善)'에 두라

자기중심적인 시야에서 벗어나기 위해 우리가 할 수 있는 가장 강력한 행위는 다른 사람을 위한 '덕'을 기르는 것이다. 덕이란 도덕적 기준이 높은 긍정적인 성품이나 행동을 뜻하고, 덕을 기른다는 것은 우리가 거대한 생태계의 일부라는 걸 인정하고, 관심의 초점을 '나'가 아니라 '타인을 위한 선(善)'으로 옮기는 일이다.

우리는 혼자 덕을 기르지 않는다. 덕은 우리가 속한 공동체 안에서 함께 길러지는 것이다. 가족, 학교, 직장, 팀 등 우리가 몸담고 있는 다양한 관계 속에서 자란다. 덕을 기르는 과정은 피아노나 테니스를 배우는 것과 비슷하다. 반복적인 연습과 훈련이 필요하다. 아리스토텔레스도 말했다. "우리는 반복하는 것을 통해 존재가 된다."라고. 연습은 내면에서 이루어질 수도 있고 외적인 행동을 통해 실천될 수도 있다. 그리고 두 가지를 모두 실행한다면 가장 이상적이다.

이제 당신이 더 잘하고 싶은 덕목 하나를 정해보자. 아래 목록에서 골라도 좋고 스스로 새롭게 떠올려도 괜찮다. 예를 들어 '친절함'을 선택했다면 이렇게 물어보자. '오늘 나는 다른 사람에게 어떻게 친절할 수 있을까?' 그리고 '나에게는 어떻게 친절을 베풀 수 있을까?'

하루를 마무리할 때, 자신에게 점수를 매겨보거나 그 덕목을 실천하며 배운 점들을 간단히 적어보자. 그게 전부다. 이렇게 덕목의 근육을 단련하는 것이다.

1. 아침에 할 일
- 오늘 내가 기르고 싶은 덕목을 적는다.

(매일 같은 덕목을 반복해도 괜찮다.)

2. 저녁에 돌아볼 것
- 오늘 내가 그 덕목을 실천한 순간들을 떠올려 적는다.
- (그 덕목과 관련해) 특히 어려움을 느꼈던 순간이 있었다면 그때 어떤 반응을 했는지 돌아보고 다음엔 어떻게 대응

하고 싶은지를 기록한다.
- 나의 자동 반응을 유발한 트리거, 즉 도화선이 된 것이 있었는지도 함께 살펴본다.(예: 팀원이 일대일 미팅에 늦어 짜증이 났다.)
- 같은 상황이 또 온다면 그 덕목에 맞게 어떻게 반응하고 싶은지도 적는다.

3. [심화 훈련] 심리 기술 선택

아래 심리적 기술 중 일상에서 연습하고 싶은 것을 고른다. 덕목을 실천하는 데 도움이 될 것이라고 생각하는 1~2개면 된다.

- 호흡 훈련
- 자신감 훈련
- 마음 챙김 연습
- 긍정적인 자기 대화
- 낙관적인 생각 훈련
- 회복 전략 강화
- 깊은 집중 훈련

○ 자아라는 함정에서 벗어나게 해주는 12가지 덕목

이제부터는 '자아의 함정'에서 빠져나오고 타자와 연결될 수 있도록 도와주는 대표적인 덕목 12가지를 소개한다.

관대함	용기	정의로움	섬김
겸손	창의성	용서	친절
정직	존중	감사	인내

이러한 덕목을 매일 조금씩 실천하다 보면 우리는 점점 더 '나'라는 좁은 틀에서 벗어나 세상과 이어진 자신을 발견하게 된다. 그럴 때 우리는 더 이상 흔들리는 웅덩이가 아니라 깊은 바다처럼 흔들림 없는 존재가 된다.

3부
후회 없는 삶을 위해 기준을 재정의하라

11장. 당신의 믿음은 여전히 도움이 되고 있는가?
뿌리 깊은 신념이 흔들릴 때 성장이 시작된다

●

의견은 바꾸기 위해 존재한다.
그렇지 않고서야 진실을 어떻게 찾을 수 있겠는가?
— 바이런 경(시인, 정치인)

연구에 따르면 사람은 누구나 자기 신념에 반하는 증거를 대수롭지 않게 여기는 경향이 있다. 왜 누군가가 우리의 깊은 신념에 의문을 제기해도 쉽게 마음을 바꾸지 못하는 걸까? 우리는 왜 그렇게까지 자신의 신념을 지키려 드는 걸까?[1] 그 과정에서 뇌에서는 무슨 일이 벌어지는가? 누군가가 우리의 신념을 부정할 때, 어떤 신경 작용이 시작되는가?

이 질문에 답을 찾기 위해 미국 서던캘리포니아대학 브레인 & 크리에이티비티 연구소의 심리학 조교수 요나스 캐플런(Jonas Kaplan)은 정치적 신념이라는 가장 민감한 영역으로 뛰어들었다. 캐플런은 정치적으로 진보 성향이 강한 성인 40명을 대상으로 실험을 진행했다.[2] 참가자 모두 정치적 성향이 확고한 사람들이었다. 이들에게는 먼저 그들의 정치적 신념을 담을 수 있을 만한 여덟 개의 문장이 주어졌다. 예를 들어 "미국은 국방 예산을 줄여야 한다." 같은 주장이었다.

이후 각 문장마다 그 신념을 반박하는 짧은 주장 다섯 개가 제시되었다. 반박은 주장을 흔들기 위해 설계된 것으로 예컨대 "러시아는 미국보다 두 배 가까운 핵무기를 보유하고 있다."와 같은 문장이었다. 이때 참가자들의 뇌는 MRI 기기로 스캔되었다.

또한 참가자들에게는 비정치적인 문장도 주어졌다. 예를 들면 "토머스 에디슨은 전구를 발명했다." 같은 상식적 사실 말이다. 마찬가지로 여기에도 반박 주장이 제시됐다. "미국 특허청은 에디슨의 전구 특허가 다른 발명가의 아이디어를 기반으로 한 것이라며 무효화 했다."라는 식이었다.

연구진이 이 비정치적 문장을 넣은 이유는 분명했다. 감정적으로 덜 민감한 믿음과 정체성과 얽힌 강한 믿음이 자극받을 때 뇌의 반응이 어떻게 다른지를 비교하기 위해서였다.

믿음과 정체성, 뇌는 둘을 구분하지 못한다

연구 결과는 흥미롭고도 분명했다. 참가자들의 깊은 신념이 도전받는 순간, 뇌의 특정 영역은 활성화되었다. 정체성과 관련된 디폴트 모드 네트워크, 위협 반응을 담당하는 편도체, 그리고 감정과 관련된 뇌섬엽이 동시에 활성화된 것이다. 특히 신념에 대한 애착이 강할수록 편도체와 뇌섬엽의 반응은 더 강렬했다. 참가자 전원이 "에디슨이 전구를 발명했다."라는 말을 사실로 믿고 있었지만, 이 믿음이 반박당했을 때에는 뇌의 관련 영역에서 거의 반응이 없었다. 대부분 새로운 정보를 받아들이는 태도를 보였다.

이 실험 결과는 왜 다른 사람의 의견이 우리에게 위협적으로 느껴지는지를 잘 보여준다. 뿌리 깊은 신념을 흔드는 질문은 개인의 정체성과 관련된 뇌 영역을 활성화시킨다. 즉 참가자들의 정치적 신념에 대한 반박은 정체성 자체에 대한 공격처럼 인식된 것이다. 우리의 뇌는 중요시하는 신념과 자아를 별개로 인식하지 못한다. 뇌는 '내가 믿는 것'과 '내가 누구인지'를 같은 것으로 받아들이는 것이다.

당신의 신념을 '몸'처럼 보호한다

우리는 신체적 위협에만 방어적으로 반응하지 않는다. 누군가가 나의 신념을 건드릴 때도 뇌는 몸이 위협당한 것처럼 반응한다. 뇌는 '몸'과 '자아'를 구분하지 않는다. 몸을 보호하는 시스템이 자아를 지킬 때도 똑같이 작동한다. 자아에 깊이 새겨진 믿음이 누군가의 말로 흔들릴 때 뇌는 생존의 위협이 온 것처럼 즉각 경고를 울린다.

뇌과학자 카플런(Kaplan)은 이렇게 설명한다. "뇌의 첫 번째 임무는 몸을 지키는 겁니다. 심리적 자아는 그 몸의 확장이에요. 자아가 공격당했다고 느끼면 뇌는 몸을 보호할 때와 똑같은 방어 반응을 시작합니다."[3] 즉 뇌는 단지 신체의 안전만이 아니라 심리적 안정도 지키려 든다. "뇌가 어떤 것을 '내 일부'라고 인식하면 그게 신체든 믿음이든 똑같이 지켜주려 한다."라는 것이다.[4]

뇌는 자아를 지키기 위해 별도의 경호 시스템까지 갖추고 있다. 그 핵심에 있는 것이 바로 전두엽 피질의 일부인 '섬엽(insula)'이다. 우리가 상한 우유를 마시거나 곰팡이 핀 빵을 먹다가 알아차리거나 화장실 문을 열자마자 역한 냄새에 고개를 돌리는 이 모든 순간에 섬엽이 작동한다. 섬엽은 신체를 병균으로부터 지키기 위한 본능적인 시스템이다. 역겨운 맛과 냄새는 구토나 움찔하는 반응을 유발하는데 이는 신경 신호가 얼굴과 위 근육으로 전달되어 우리는 반사적으로 독성 음식을 뱉어내거나 불쾌한 냄새를 제거하려는 것이다. 역겨움이라는 감정은 우리 몸을 감염에서 보호하려는 진화적 장치다.[5]

그런데 인간에게만 독특하게 이 섬엽은 '자아'를 지키는 기능으로 확장되었다. 썩은 고기를 멀리하게 만드는 그 뇌의 부위가, 어떤 정보가 자아에 '정신적 독'이 될지 모른다고 판단되면 그 정보로부터도 우리를 지키려 한다. 즉 누군가가 내 정체성의 일부가 된 신념을 공격하면 뇌는 즉각 방어 모드에 돌입한다. 편도체가 뇌를 장악하고 아드레날린과 코르티솔 같은 스트레스 호르몬이 분비된다. 섬엽이 활성화되고 온몸에 경계 태세가 퍼진다.

이때 뇌는 사실을 무시하거나 오히려 내 믿음에 맞게 사실을 왜곡하기도 한다. 세계를 있는 그대로 보기보다 '내가 살아남기 위해 익숙한 방식'으로 재구성하는 것이다. 우리는 지금껏 쌓아온 세계관에 매달리며 그것이 무너지지 않기를 바란다.

우리는 무엇을 위해 담을 쌓는가?

자신의 믿음을 지키려는 본능은 당연하다. 하지만 문제가 되는 것은 그 믿음을 의심해볼 용기도 함께 잃을 때다. 로버트 프로스트의 시 「담 쌓기」는 바로 그런 인간의 태도에 대한 은유다. 시를 통해 그는 우리를 분리하는 장벽과 신념에 대한 통찰을 주며 그것들을 밝은 빛 아래에서 살펴보라고 한다.

시 속 두 이웃은 해마다 봄이 되면 서로의 땅을 나누는 돌담을 함께 수리한다. 하지만 화자는 의문을 품는다. 울타리가 필요한 가축도 없고 언덕엔 오직 소나무와 사과나무만 자라고 있다.

담을 쌓기 전에 묻고 싶다.
담 안에 가두는 것은 무엇이며,
담 밖으로 밀어내는 것은 무엇인가를.

화자는 매해 이 담이 왜 필요한지 그 의미를 묻고 싶어 한다. 그러나 이웃은 아버지에게 배운 말 한마디로 되받아친다. "좋은 울타리가 좋은 이웃을 만든다네요."

그는 자신이 왜 이 말을 믿는지, 지금도 유효한지에 대해 생각할 의지도 없다. 화자는 이웃을 이렇게 묘사한다.

마치 각 손에 돌 하나씩을 꼭 쥐고
무기로 무장한 원시인처럼
어둠 속에서 움직이는 것 같다.

타인의 의견에 맞서 내 신념을 지키려는 태도는 종종 우리를 더 강하게 만든다. 하지만 때로는 그 신념을 한 번쯤 빛에 비춰보는 것도 필요하다. '그 믿음은 언제 나에게 도움이 되었던가? 지금도 여전히 도움이 되고 있는가?' '그 믿음이 나의 삶과 목표에 부합하는가? 아니면 오히려 나를 가로막고 있는가?' 누군가가 우리의 깊은 신념을 흔들 때, 그것을 위협이 아닌 성장의 기회로 받아들이도록 마음을 훈련해야 한다.

스포트라이트 법칙.
신념을 재확인하라

이제 믿음을 재점검하는 연습을 제안하겠다. 보기보다 어렵지만 제대로 해낸다면 당신의 방어 본능을 줄이고 열린 마음을 기를 계기가 될 것이다.

먼저 당신이 확고하게 믿고 있는 신념 몇 가지를 적어보자. 그다음 확신하지 못하는 신념 몇 가지도 적어보라. 이제 각각의 신념이 언제, 왜 형성되었는지를 떠올려보자. 그 신념이 그 당시의 나에게 어떤 도움이 되었는지도 함께.

그리고 지금은 어떤가? 그 신념은 지금도 여전히 나를 도와주고 있는가? 내가 원하는 삶과 목표를 이루는 데 도움을 주고 있는가? 아니면 그 신념이 오히려 내 가능성을 가로막고 있지는 않은가?

이 단순한 질문은 당신 안의 깊은 변화로 향하는 입구가 되어줄 것이다.

12장. 누구의 말에 귀 기울일 것인가?
진짜 나를 위한 목소리 찾기

●

사자는 작은 개가 짖는다고 뒤돌아보지 않는다.
— 아프리카 속담

당신만의 스크린을 설치하라

키 188cm, 체중 130kg. 네이트 홉굿-치틱은 체격도 컸지만 삶에 대한 열정은 그보다 더 거대했던 사람이다. 미국 미식축구리그(NFL) 수비 태클 선수로서는 작은 편이었지만, 세인트루이스 램스에서 슈퍼볼 챔피언 반지도 손에 넣었다. 그는 내 소중한 친구였다. 하지만 안타깝게도 마흔여섯의 나이에 세상을 떠났다.

우리는 종종 인생의 여정, 서로를 자극하고 북돋는 방법에 대해 이야기하곤 했다. 그는 내게 많은 것을 가르쳐줬고 지금도 여전히 그가 그립다. 지금도 그의 우렁찬 웃음소리가 생생하고 열정적이던 삶의 태도가 선명하게 그려진다. 그는 가족을 사랑했고 사람을 사랑했으며 인생을 사랑했던 사람이다.

네이트는 젊은 시절, 코치들이 어떻게 자신을 깎아내리고 위협했는지 들려줬다. 그들은 "너는 너무 느려. 그렇게 해선 절대 다음 단계로 못 올라가. 내가 몇 번을 말했니? 반 발만 뒤로 가랬지, 왜 전진을 하니? 대체 왜 이 모양이야?" 같은 감정적으로 상처 주는 말을 내뱉었다고 한다.

일부 선수들은 성공을 위해서라면 어떤 대우도 감내할 수 있다고 믿는다. 그런 가혹함이 오히려 자신을 성장시키기 위한 관심의 표현이라 착각하기도 한다. 하지만 네이트는 달랐다. 모두가 그것을 당연하다고 여길 때도 그는 코치들이 그런 말을 하며 소리 지를 때 매우 참담했다고 했으며 자신은 그 안에서 성장할 수 없었다고 했다.

덕분에 네이트는 아주 어린 시절부터 '상처 주는 말'과 '도움이 되는 피드백'을 구분해내는 법을 익혔다. 그는 그 말들 속에서 자신을 성장시키는 인사이트만을 추려내야 했기 때문이다. 그래서 그는 '스크린'이라는 장치를 만들었다. 코치가 다가오거나 멀리서 고함을 칠 때, 스크린을 통과할 수 있는 건 오직 '성장을 돕는 말'뿐이었다. 분노와 부정적인 말은 코치 쪽에 남겨두고 유익한 말만 받아들이는 방식이었다. 이 스크린 덕분에 네이트는 그 말의 가치를 판단할 수 있었다. 그는 자신의 감정 버튼을 '일시정지'시키고 그다음에 차분히 반응했다.

맞다. 타인의 말에 반응하는 첫 번째 단계는 반응하지 않는 것이다. 숨을 깊게 들이쉬는 것, 그게 출발점이다. 그렇다면 질문이 남는다. '어떤 의견이 나를 성장시키는 말이고, 어떤 의견이 오래도록 상처가 되는가?' 보통 우리는 이 문제를 이분법으로 본다. 모든 사람의 의견을 다 중요하게 여기거나, 아예 아무것도 신경 쓰지 않는 양극단 사이를 오간다.

하지만 이 두 방식은 결국 같은 결론에 도달한다. 모든 사람의 의견에 휘둘리면 더 이상 위험을 감수하거나 도전할 수 없다. 반대로 누구의 말도 신경 쓰지 않으면 인간의 본능적인 사회적 연결감을 거스르게 된다. 결국 우리는 자기 자신과 주변 사람들 모두와 단절된다.

유명 저자이자 교수인 브레네 브라운(Brené Brown)은 팟캐스트에 출연해 이 딜레마를 풀어갈 또 다른 길을 제시했다. 그녀는 이렇게 말했다. "우리의 과제는 누구의 의견이 중요한지 구체적으로 파악하고, 당신의 취약함이나 결함에도 불구하고가 아니라, 바로 그 점 때문에 당신을 사랑하는 사람들을 찾는 것이에요." 브라운이 말하는 '중요한 의견'의 기준은 이것이다. "그 사람은 '경기장 안'에 있는가?" 즉 실제 삶에서 도전하고 실패하면서도 계속 나아가는 사람의 의견인지가 중요하다. 만약 경기장 밖에 앉아 결과가 두려워 뛰어들지 못하고, 안전한 자리에서 비난이나 조롱을 던지는 사람이라면 그의 말은 중요하지 않다.

원탁 회의

네이트가 만들어낸 스크린은 중요한 사실을 우리에게 상기시킨다. 우리는 타인의 의견 자체를 통제할 수는 없다. 하지만 어떤 의견을 받아들일지, 그리고 그것을 어떻게 다룰지는 스스로 선택할 수 있다.

그렇다면 중요한 질문이 남는다. '무엇이 진실하고 정직하며, 궁극적으로 나에게 도움이 되는 정보인가?' 이를 파악하기 위해 우선 '원탁 회의'에 초대할 사람들을 정해보자. 당신이 마음 깊이 신뢰하는 2명, 4명, 8명, 혹은 10명의 사람들이 당신의 초대장을 받을 것이다. 가족, 친구, 멘토, 전문가일 수도 있다. 다만 인원을 적게 유지하라.

이들이 꼭 아서 왕의 기사처럼 명예를 중시할 필요는 없지만, 그 기사도 정신만큼은 당신과의 관계에 생기를 불어넣을 수 있다. 그들이 이 원탁에 앉기 위한 조건은 단 하나다. 당신을 진심으로 지지하고 보호하려는 사람일 것.

자문해보자. 누가 진짜 당신 편인가? 겉모습이나 꾸며진 모습이 아니라 있는 그대로의 당신을 이해하는 사람은 누구인가? 삶과 진실에 충실한 사람은 누구인가? 당신에게 아픈 말도 솔직하게 해줄 수 있는 사람은 누구인가?

이 원탁 회의는 당신의 인생에서 가장 소중한 피드백 루프가 될 수 있다. 물론 그렇다고 해서 이들의 의견만이 중요하다는 것은 아니다. 우리는 매일 같이 친구, 가족, 동료, 연인, 코치, 유명인, 브랜드, 심지어는 챗봇과 낯선 이들의 의견에까지 노출된다. 이들의 모든 의견을 차단해버릴 수는 없고, 몇몇 의견은 스크린을 통과해 당신의 마음속에 자리 잡을 것이다. 이런 경우에도 스스로를 돌아볼 단서를 발견할 수 있다. 어쨌든 타인의 의견에 즉흥적으로 반응하는 대신 의견을 거르는 '전략'을 미리 마련해두는 것이 중요하다.

스포트라이트 법칙.
당신의 반응이 내포한 정보를 마주하라

누군가의 말에 즉각적인 감정 반응이 일어난다면, 그게 긍정이든 부정이든 무시하지 말고 주의를 기울여라. 억지로 감추거나 넘기려 하지 말자. 그 감정 반응 안에는 당신의 내면에서 벌어지고 있는 중요한 정보가 담겨 있다.

그 말이 당신 안의 어떤 믿음을 확인시켜 줬는가? 마법처럼 기분이 좋아졌다면 그것은 이미 내면에 있던 자아상이었을지도 모른다. 반대로 그 말이 당신의 생존 본능을 자극해서 온몸이 긴장되고 마음을 닫게 만들었는가? 그 역시 의미 있는 반응이다.

무엇이든 그 반응 속에 선물이 숨어 있다. 그리고 만약 그 말이 쉽게 떨쳐지지 않거나 다른 사람들에게서도 반복적으로 들려오는 말이라면 당신의 원탁 회의로 그것을 가져가라. 그들에게 조심스럽게 말을 꺼내보라.

"어떻게 생각해?"

그와 함께 그 의견을 조명해보라. 피드백을 받았다면 그에 대해 깊이 사색해보자. FOPO는 결국 '나는 나 자신을 신뢰할 수 없어.'라는 착각에서 비롯된다. 그 착각을 벗어나려면 당신만의 사유 공간이 필요하다. 그 공간은 침대 옆일 수도, 오래된 참나무 아래일 수도, 동네 스타벅스 구석의 가죽 소파일 수도 있다.

그 공간에서 조용히 써 내려가라. 당신의 반응을 들여다보고 그 반응에 붙어 있는 생각의 조각들을 풀어내라. 당신이 지금 방어하려는 것은 무엇이고 품고 싶어 하는 것은 무엇인지 생각해보라. 그렇게 할 때 당신은 타인의 말이 아니라 자신의 깊은 목소리에 귀 기울이게 된다.

13장. 마지막 질문
인생의 방향을 결정하는 단 하나의 물음

●

당신이 하는 모든 말과 행동을
죽음을 앞둔 사람의 그것처럼 하라.
— 마르쿠스 아우렐리우스(로마 황제)

죽음 앞에서 가장 많이 후회하는 것

브로니 웨어는 8년 동안 호스피스 간병인으로 일했다. 그녀가 돌본 사람들은 대부분 자신의 생이 얼마 남지 않았음을 알고 있었다. 길어야 석 달, 짧으면 몇 주 정도 남은 이들이었다. 브로니의 주된 역할은 몸이 불편한 그들을 돕는 일이었다. 씻기고 식사를 거들고, 약을 챙기고 용변을 돕는 것까지 일일이 도움을 주었다.

그러나 그녀는 점점 깨닫게 되었다. 자신이 하고 있는 가장 중요한 일은 육체적 돌봄이 아니라 그들의 이야기에 귀를 기울이는 정서적 돌봄이었다는 것을. 세계적인 심리학자 에릭 에릭슨(Erik Erikson)에 따르면 사람은 생의 마지막 단계에서 '자신의 지나온 삶을 돌이켜보는 시간'을 갖는다.[1] 이 단계에 들어선 사람들은 자기 삶을 되짚어보며, 스스로의 삶과 선택들에 만족하거나 후회한다.

브로니는 환자들의 가장 내밀한 고백을 듣고 기록하기 시작했는데, 놀랍게도 삶의 마지막 순간에 후회가 없다고 말하는 사람보다 많은 후회를 품은 채 세상을 떠나는 사람들이 훨씬 더 많았다. 그리고 대부분이 후회하는 지점은 용기 부족에서 비롯된 것이었다.

가장 큰 후회는 이것이었다. '내가 원하는 삶을 살 용기를 내볼걸.' '타인의 기대에 맞추기 위해 살지 말걸.' 결국 삶의 마지막 순간 사람들이 가장 크게 후회하는 것은 다른 사람들의 시선을 신경 쓰고 타인의 인정을 받기 위해 산 것이다.

인생이라는 파티가 끝나갈 무렵, 사람들은 하나둘 자리를 뜨고 그들의 평가가 아무 의미 없어질 때쯤, 문득 우리는 이런 생각을 하게 된다. '왜 그토록 다른 사람의 의견에 휘둘리며 살았을까?'

진짜 원하는 삶을 살지 못하는 이유

노벨 경제학상을 수상한 심리학자 대니얼 카너먼은 2004년 「사이언스」지에 동료 연구자들과 함께 의미 있는 논문을 발표했다.² 이들은 900명의 여성들에게 매일의 활동을 자세히 일지로 기록하게 하고, 각 활동이 얼마나 행복하고 만족스러운지 7점 척도로 평가하도록 했다.

이들은 당연히 자신이 자발적으로 선택한 활동이 가장 만족감이 높을 것이라 생각했다. 내가 원해서 선택했으니 즐거운 게 당연하지 않을까? 하지만 결과는 뜻밖이었다. 여성들은 명상, 기도, 예배 참석 같은 영적 활동에서 텔레비전을 볼 때보다 훨씬 더 큰 행복과 만족을 느낀다고 했다. 그런데 실제로는 큰 만족감을 주는 활동보다 텔레비전 앞에 보내는 시간이 다섯 배나 더 길었다.

진짜 원하는 선택과, 실제로 하는 선택 사이의 괴리가 발생하는 이유는 뭘까? 우리가 자신의 삶에서 가장 소중한 것이 '시간'이라는 사실을 간과하기 때문이다. 우리는 마치 영원히 살 것처럼 행동한다. 사람들과 헤어지면서 "또 봐요!"라고 말한다. 당연히 다시 볼 수 있을 거라 확신하듯 말이다.

하지만 모두가 알고 있다. 그 당연하고 자연스러운 인사를 못할 날이 올 것을 말이다. 그럼에도 죽음을 먼 미래의 일처럼 생각하는 경향이 있다. 우리 모두 언젠가 죽는다는 걸 알지만 그게 오늘은, 다음 주는, 내년은 절대 아니라고 생각하며 말이다. 이렇게 자신의 삶에는 끝이 없다는 착각 속에 살 때, 자연스럽게 자신이 진정 원하는 삶의 모습과 점점 멀어지고 만다.

행동 과학에서 널리 인정되는 '희소성의 법칙'이 있다. 이는 어떤 자원이 한정될수록 사람들이 그것을 더욱 소중히 여기는 경향을 말하는데, 죽음이 우리에게 그런 희소성을 만들어낸다. 자신의 죽음을 의식하며 사는 사람과, 자신이 영원히 살 거라고 믿고 사는 사람의 삶의 가치는 본질적으로 다를 수밖에 없다. 인생이라는 유한한 시간을 어떻게 쓸지 선택하는 것이야말로 우리가 삶에서 내리는 가장 중요하고 가치 있는 결정이다.

헛된 것들이 사라지고 진짜 중요한 것만 남는다

죽음을 깊이 의식하며 살아간다면 사회가 중요하다고 말하는 허무하고 피상적인 것들이 얼마나 무의미한지 명확히 보일 것이다. 당신이 올린 SNS 게시물에 사람들이 어떤 반응을 보이는지가 정말 중요한가? 아니, 애초에 그런 게시물을 올리는 게 정말 중요한 일이었을까? 어떤 자동차를 모는지가 인생의 진짜 문제인가? 오늘 헤어 스타일이 마음에 드는지 아닌지가 그렇게 중요한 일인가? 내가 남들보다 조금 더 똑똑한지, 덜 똑똑한지가 그토록 의미 있는 문제인가? 얼굴형이 예쁜지 아닌지가 정말 중요할까? 나를 소외시켰던 그들과 귀중한 인생의 시간을 보내는 것이 과연 의미 있는 선택일까?

죽음을 정면으로 마주하면, 정말 중요한 게 뭔지 깨닫게 된다. 비행기가 갑자기 난기류를 만나 흔들릴 때, 우리는 발표를 망친 순간이나, 별로 좋아하지도 않았던 직장에서 해고당했던 창피한 기억을 떠올리지 않는다. 피부과 의사가 의심되는 반점을 보여주며 조직검사를 받아야겠다고 말할 때, 그 순간 우리는 동료들에게 보여주려고 애써 만들어 놓은 '유능한 사람'의 이미지 따위는 생각조차 하지 않는다.

삶이 멈출 수도 있다는 가능성이 눈앞에 놓이면 우리의 시각은 극적으로 바뀐다. 시간의 가치는 더욱 소중해지고 무엇을 중요하게 여기는지 뚜렷해진다. 그 순간 우리 마음은 진심으로 소중한 것만을 바라본다.

죽음을 자각한다는 건 우리 삶에 가장 중요한 것만 남기고 나머지를 깨끗이 씻어내는 일종의 정화 작용이다. 영화 「파이트 클럽」에서 타일러 더든(브래드 피트 분)은 편의점 직원 레이먼드 K. 헤셀을 권총으로 위협하며 당장이라도 죽일 수 있음을 보여준다. 더든은 지갑을 뒤적이며 관객에게 레이먼드의 무기력하고 만족스럽지 못한 삶을 드러내 준다. 헤셀은 그저 그런 삶에 안주한 채 더 나은 인생을 살고자 하는 열망도 없이 살아왔다. 타일러 더든은 만료된 학생증을 보고 묻는다. "원래 꿈이 뭐였어?"

헤셀은 당황하지만 겨우 답을 쥐어 짜낸다. "수의사요." 하지만 그는 수의사가 되는 게 너무 어렵다는 이유로 꿈을 포기해버렸다. 타일러 더든은 헤셀의 신분증을 챙기며 선언한다. 6주 뒤 다시 돌아왔을 때 수의사가 되기 위해 뭔가 시작하지 않았다면, 그때는 정말 죽여 버리겠다고 말이다.

물론 실제로 우리가 「파이트 클럽」같은 방식의 극단적인 자각이 필요한 건 아니다. 하지만 메시지는 분명하다. 더든은 죽음을 마주하게 함으로써 레이먼드가 정신 차리고, 우리 모두가 낭비할 시간이 없다는 걸 깨닫도록 한 것이다.

2005년, 애플 창업자 스티브 잡스 역시 스탠퍼드대학교 졸업식 연설에서 비슷한 메시지를 전했다. 잡스는 2003년 희귀한 췌장암 진단을 받았지만, 연설 당시에는 완치된 상태였다.

언젠가 죽는다는 걸 기억하는 것은, 제가 삶에서 중대한 선택을 내릴 때 가장 도움이 되는 도구입니다. 타인의 기대, 자존심, 실패에 대한 두려움, 이 모든 것은 죽음 앞에선 힘없이 사라지고 오직 진정으로 중요한 것만 남기 때문이에요.

자신이 죽는다는 걸 기억하는 것만큼 '잃을 것이 있다.'라는 착각을 피하는 데 더 좋은 방법은 없습니다. 우리는 이미 벌거벗어 있습니다. 그러니 마음을 따라 살지 않을 이유가 없습니다.

우리에게 주어진 시간은 한정되어 있습니다. 그러니 다른 사람의 삶을 살면서 낭비하지 마세요. 다른 사람들의 생각에서 비롯된 교리에 갇혀 살지도 마세요. 다른 사람들의 시끄러운 의견 때문에 자기 내면의 목소리를 잃어버리지 마세요.

그리고 가장 중요한 것, 당신의 마음과 직관을 따를 용기를 가지세요. 여러분의 마음과 직관은 이미 정말로 되고 싶은 것이 무엇인지 알고 있습니다. 나머지는 전부 부차적인 문제일 뿐입니다.[3]

스티브 잡스는 자신의 죽음을 진지하게 자각함으로써 다른 사람의 의견이 아니라 자신이 진짜 원하는 삶을 추구할 수 있었다. 로마 황제이자 스토아 철학자였던 마르쿠스 아우렐리우스는 같은 말을 더욱 짧고 분명하게 표현했다. "우리는 지금 바로 이 생을 떠날 수도 있다. 이 사실이 당신의 행동과 말과 생각을 결정하게 하라."

스토아 철학만큼 죽음을 자각하는 것에 더 큰 중요성을 두는 철학적 전통은 없다. 스토아 철학자들은 죽음을 정기적으로 떠올리는 것이 우리의 일상적인 삶의 질을 크게 높일 수 있다고 가르쳤다.

나는 1991년 학부 시절 존 퍼킨스(John Perkins) 교수님을 통해 스토아 철학을 처음 접했는데, 스토아 철학의 실용적이고 명확한 첫 번째 원칙에 바로 매료되었다. 스토아 철학에서 죽음은 암울한 개념이 아니라 오히려 삶에 대한 감사와 하루하루의 소중함을 일깨우는 계기로 기능했다. 우리가 바꿀 수 없는 것(죽음이나 타인의 평가 등)에 시간을 낭비하지 말고 온전히 통제 가능한 것(자신의 생각과 말과 행동)에 집중하라고 스토아 철학은 강조했다.

FOPO에서 벗어나는 첫 번째 규칙인 '안에서 밖으로' 접근하는 방식도 여기에서 시작된다. 자신이 온전히 통제할 수 있는 내면의 것들에 집중하고 그것을 자신의 핵심 가치와 삶의 목적에 맞춰 숙달하는 것이다. 언제 죽느냐는, 우리가 어떻게 살 것인가에 비하면 훨씬 덜 중요한 문제이다.

스토아 철학자 세네카는 『인생의 짧음에 관하여』에서 이렇게 말한다.

우리에게 주어진 시간이 짧은 게 아니다. 우리가 그 시간을 낭비하고 있을 뿐이다. 삶은 충분히 길고 주어진 시간을 잘 투자하면 위대한 업적을 이룰 수도 있다.

하지만 그것을 사치와 부주의 속에 허비하고 아무 의미도 없는 일에 바친다면, 결국 죽음 앞에서야 비로소 시간이 흘러가버렸다는 사실을 깨달을 것이다.[4]

아마존 창업자 제프 베이조스 역시 비슷한 시각을 가지고 있었다. 2015년 시애틀에서 열린 한 회의에서 많은 대형 유통업체들이 파산하는 상황에서 아마존의 미래를 묻자 베이조스는 이렇게 답했다. "아마존은 절대로 망하지 않을 기업이 아닙니다. 언젠가 아마존도 망할 거라고 확신합니다. 아마존도 결국 파산할 거예요. 대기업들의 평균 수명은 대략 30년 정도지, 100년 넘게 가는 기업은 흔치 않습니다."[5]

베이조스는 아마존의 유한성을 강조하면서 직원들이 경쟁자에 대한 불안에서 벗어나 고객에게 집중하라고 격려한 것이다. 우리 역시 삶의 유한함을 깨닫고 불필요한 잡음을 차단하며 스스로가 진정으로 통제할 수 있는 것에 집중해야 한다.

인생의 마지막 날, 무엇을 후회할 것인가?

사람들은 죽음을 생각하면 극심한 공포에 빠질 거라고 생각하지만 사실은 정반대다. 심리학자 네이선 드월(Nathan DeWall)과 로이 바우마이스터(Roy Baumeister)는 죽음에 대해 깊이 생각하는 것이 사람들에게 어떤 영향을 주는지 알아보기 위해 흥미로운 실험을 진행했다.

먼저 432명의 대학생 참가자를 두 그룹으로 나누었다. 첫 번째 그룹에게는 자신이 죽는 모습을 상상하고 죽어가는 과정에서 어떤 일이 일어날지 글로 써보도록 했다. 두 번째 그룹에게는 치통에 대해 생각하고 그것을 묘사하는 글을 쓰게 했다.

참가자들이 죽음에 대해 깊은 생각에 빠져 있을 때, 연구진은 무의식적 감정을 드러내는 단어 테스트를 진행했다. 이들에게는 'jo_'나 'ang_' 같은 글자 조합이 주어졌고, 스스로 나머지 빈칸을 채워서 완성된 단어를 만드는 방식이었다.

예를 들어 어떤 글자 조합은 긍정적인 단어인 jog(조깅하다), joy(기쁨) 같은 것으로 완성할 수 있고, 어떤 글자는 중립적이거나 부정적인 단어인 angle(각도) 또는 angry(화난)가 될 수도 있었다. 이 테스트는 참가자들의 무의식적 심리를 반영했다.

놀랍게도 죽음에 대해 생각한 사람들은 절망에 빠지지 않고 오히려 더 행복해졌다. 무의식적으로 훨씬 더 긍정적인 단어와 감정들을 떠올린 것이다. 연구진은 이것이 우리의 심리적 면역 체계가 죽음이라는 위협으로부터 스스로를 보호하려고 작동한 결과라고 해석했다.

　이 세상에서 얼마나 살지는 아무도 모른다. 그렇다면 삶이 바로 내일 끝날 수도 있다고 가정해보자. '내 인생의 마지막 순간, 나는 무엇을 가장 후회하게 될까?' 그 답을 찾는 방법은 간단하다. 지금 바로 이 순간, 당신이 가장 후회하는 것이 무엇인지 스스로 물어보면 된다. 예를 들어 지금 당신의 두 살 된 딸과 더 많은 시간을 보내지 못하는 것을 후회한다면, 40년 후에도 같은 이유로 후회할 가능성이 크다. 만약 지금 당신이 편안하고 익숙한 직장에 안주한 채 꿈을 향한 도전을 하지 못한 걸 후회한다면, 수십 년 후에도 비슷한 후회를 하게 될 것이다.

　하지만 지금과 마지막 순간의 결정적인 차이는 이것이다. 지금은 아직 그것을 바꿀 수 있는 시간이 남아 있다는 사실이다. 당신의 인생 매 순간마다 다른 사람의 시선을 신경 쓰며 살아갈지, 아니면 진짜로 의미 있는 삶을 살아갈지 선택할 수 있다. 소중한 인생을 타인의 의견을 걱정하며 소비할 것인가? 주변 사람들이 당신에게 바라는 대로 말하고 행동하고 느끼면서 제한된 시간을 낭비할 것인가?

선택은 오롯이 당신의 것이다.

스포트라이트 법칙.
다시 없을 것처럼 작별하라

○ 다시 없을 것처럼 작별하기

이제부터 소개할 실천 전략은 단순하면서도 강력한 힘을 지녔다. 오늘 누군가에게 작별 인사를 할 때, 다시는 그 사람을 만나지 못할 수도 있다고 상상해보자. 그동안 함께했던 시간에 진심으로 고마움을 담아 작별 인사를 해보는 것이다. 오늘은 한 사람에게, 내일은 두 사람에게 이렇게 작별 인사를 건네보라. 꾸준히 연습하다 보면 어느새 자연스러운 습관으로 자리 잡게 될 것이다.

이렇게 삶의 덧없음을 인정하고 받아들일 때, 우리는 짧은 생애 동안 우리 곁을 지켜주는 소중한 사람들을 진정으로 아끼고 사랑하게 된다.

미주

서문. 당신의 진짜 패를 들고 세상과 마주하라

1. Cal Callahan, "Lauren Bay-Regula: Life as an Olympian, Mom, and Entrepreneur," January 28, 2020, *The Great Unlearn* podcast, https://podcasts.apple.com/us/podcast/the-great-unlearn/id1492460338?i=1000463898379.
2. When we say the greatest constrictor of human potential, we are acknowledging that the fear of getting killed, starvation, or losing your job are greater constrictors. This book is about the quality of life we live, not survival.
3. Michael Gervais, "How to Stop Worrying about What Other People Think of You," hbr.org, May 2, 2019, https://hbr.org/2019/05/how-to-stop-worrying-about-what-other-people-think-of-you.
4. Scott Barry Kaufman, "Sailboat Metaphor," https://scottbarrykaufman.com/sailboat-metaphor.
5. Lauren Regula, Instagram post, September 7, 2022.

1장. 타인의 시선이라는 감옥

1. Quoted and translated in Alexander Wheelock Thayer, *The Life of Ludwig van Beethoven*:Vol.1[1866],ed. Henry Edward Krehbiel(New York: The Beethoven Association, 1921), 300.
2. Thayer, *Life of Beethoven*, 300.
3. Heiligenstadt Testament, a letter written by Beethoven to his brothers Carl and Johann on October 6, 1802, http://www.lvbeethoven.com/Bio/BiographyHeiligenstadtTestament.html.
4. Jan Swafford, *Beethoven: Anguish and Triumph; A Biography* (Boston: Houghton Mifflin Harcourt, 2014), 428; H. C. Robbins Landon, Beethoven: A Documentary Story(New York: Macmillan, 1974), 210. Lichnowsky's physician, Dr. Anton Weiser, tells the story of when Beethoven was offended by being asked to play the violin at a dinner.
5. Swafford, *Beethoven*, 21.
6. Swafford, *Beethoven*, 53.
7. Franz Wegeler and Ferdinand Ries, *Beethoven Remembered: The*

Biographical Notes of Franz Wegeler and Ferdinand Ries (Salt Lake City, UT: Great River Books, 1987), 39.
8. Swafford, *Beethoven*, 98-99.
9. Swafford, *Beethoven*, 128. "Part of his gift was the raptus, that ability to withdraw into an inner world that took him beyond everything and everybody around him, and also took him beyond the legion of afflictions that assailed him. Improvising at the keyboard and otherwise, he found solitude even in company."
10. Swafford, *Beethoven*, 98-99.
11. Heiligenstadt Testament letter.
12. David Ryback, *Beethoven in Love* (Andover, MA: Tiger Iron Press, 1996). Quote is from Beethoven in 1817.
13. Nicholas Cook, *Beethoven: Symphony no.9* (Cambridge, UK: Cambridge University Press, 1993).

2장. 왜 나는 남의 시선을 떨쳐내지 못할까?
1. Michael Gervais, "Tune Up Your Mind—A Music Legend's Journey of Self-Evolution," Finding Mastery podcast, June 28, 2023, https://findingmastery.com/podcasts/moby-lindsay/.
2. This echoes a quote often attributed to Austrian psychiatrist and Holocaust survivor Viktor Frankl, but is of uncertain origins: "Between stimulus and response there is a space. In that space is our power to choose our response. In our response lies our growth and our freedom."
3. Mark Leary, "Is It Time to Give Up on Self-Esteem?," The Society for Personality and Social Psychology, May 9, 2019, https://spsp.org/news-center/character-context-blog/it-time-give-self-esteem.

3장. 두려움의 메커니즘
1. N. C. Larson et al., "Physiological Reactivity and Performance Outcomes under High Pressure in Golfers of Varied Skill Levels," oral presentation to the World Scientific Congress of Golf, Phoenix, AZ, March 2012.
2. Thomas Hobbes, *Leviathan*, part 1, chapter 13, page 58.
3. W. B. Cannon, *Bodily Changes in Pain, Hunger, Fear, and Rage: An Account*

of Recent Researches into the Function of Emotional Excitement(New York: D. Appleton and Company, 1915); Keith Oatley, Dacher Keltner, and Jennifer M. Jenkins, *Understanding Emotions*, 2nd ed. (Hoboken, NJ: Wiley-Blackwell Publishing, 2006).

4. Cannon, *Bodily Changes in Pain, Hunger, Fear, and Rage*.
5. Cannon, *Bodily Changes in Pain, Hunger, Fear, and Rage*.
6. Cannon, *Bodily Changes in Pain, Hunger, Fear, and Rage*.
7. Cannon, *Bodily Changes in Pain, Hunger, Fear, and Rage*.
8. Stephanie A. Maddox, Jakob Hartmann, Rachel A. Ross, and Kerry J. Ressler, "Deconstructing the Gestalt: Mechanisms of Fear, Threat, and Trauma Memory Encoding," *Neuron* 102, no.1 (2019): 60-74.
9. Joseph E. LeDoux, "Coming to Terms with Fear," PNAS 111, no.8 (2014): 2871-2878.
10. Josephine Germer, Evelyn Kahl, and Markus Fendt, "Memory Generalization after One-Trial Contextual Fear Conditioning: Effects of Sex and Neuropeptide S Receptor Deficiency," Behavioural Brain Research 361, no.1 (2019): 159-166; Kim Haesen, Tom Beckers, Frank Baeyens, and Bram Vervliet, "One-Trial Overshadowing: Evidence for Fast Specific Fear Learning in Humans," Behaviour Research and Therapy 90 (2017): 16-24
11. Roy F. Baumeister, Ellen Bratslavsky, Catrin Finkenauer, and Kathleen D. Vohs, "Bad Is Stronger Than Good," *Review of General Psychology* 5, no.4 (2001): 323-370.
12. Arun Asok, Eric R. Kandel, and Joseph B. Rayman, "The Neurobiology of Fear Generalization," *Frontiers in Behavioral Neuroscience* 12 (2019).
13. David Watson and Ronald Friend, "Measurement of Social-Evaluative Anxiety," *Journal of Consulting and Clinical Psychology* 33, no.4 (1969): 448-457.

4장. 정체성의 함정에서 벗어나라

1. Brad Rock, quoted in David Fleming, "Before 'The Last Dance,' Scottie Pippen Delivered Six Words of Trash Talk That Changed NBA History," ESPN, May 15, 2020, https://www.espn.com/nba/story//id/29166548/before-last-dance-scottie-pippen-delivered-six-words-trash-talk-changed-nba-history.
2. Nina Strohminger, Joshua Knobe, and George Newman, "The True Self: A

Psychological Concept Distinct from the Self," *Association for Psychological Science* 12, no.4 (2017): 551–560.

3. Michael A. Hogg and Dominic Abrams, *Social Identifications: A Social Psychology of Intergroup Relations and Group Processes* (London: Routledge, 1998).

4. *Fight Club*, directed by David Fincher, 1999.

5. Lewis Carroll, *Alice's Adventures in Wonderland* (New York, Boston: T. Y. Crowell & Co., 1893).

6. APA Dictionary of Psychology.

7. Paul Blake, "What's in a Name? Your Link to the Past," BBC, April 26, 2011, https://www.bbc.co.uk/history/familyhistory/get started/surnames 01.shtml.

8. Zygmunt Bauman, "Identity in the Globalising World," *Social Anthropology* 9, no.2 (2001): 121–129; Anthony Giddens, The Consequences of Modernity (Stanford, CA: Stanford University Press, 1991).

9. Michael Lipka, "Why America's 'Nones' Left Religion Behind," Pew Research Center, August 24, 2016, https://www.pewresearch.org/fact-tank/2016/08/24/why-americas-nones-left-religion-behind/

10. The ten-thousand- hour rule popularized by Malcom Gladwell does not accurately align with Anders Ericsson's original research on developing expertise.

11. Nadia Shafique, Seema Gul, and Seemab Raseed, "Perfectionism and Perceived Stress: The Role of Fear of Negative Evaluation," *International Journal of Mental Health* 46, no.4 (2017): 312–326.

12. Conversation with Dr. Ben Houltberg, March 9, 2021.

13. Albert Bandura, *Self-Efficacy: The Exercise of Control* (New York: W. H. Freeman and Company, 1997), 3.

14. Michael Gervais, "Missy Franklin on Being a Champion in Victory and Defeat," Finding Mastery podcast, December 4, 2019, https://podcasts.apple.com/kw/podcast/missy-franklin-on-being-a-champion-in-victory-and-defeat/id1025326955?i=1000458624052.

15. Benjamin W. Walker and Dan V. Caprar, "When Performance Gets Personal: Towards a Theory of Performance-Based Identity," *The Tavistock Institute* 73, no.8 (2019): 1077–1105.

16. Joseph Campbell, *Reflections on the Art of Living: A Joseph Campbell Companion* (New York: Harper Perennial, 1995).

17. Dan Gilbert, "The Psychology of Your Future Self," TED talk, 2014, https://

www.ted.com/talks/dan gilbert the psychology of your future self.
18. Jordi Quoibach, Daniel T. Gilbert, and Timothy D. Wilson, "The End of History Illusion," Science 339, no.6115 (2013): 96-98.
19. Robbie Hummel and Jeff Goodman, "Jim Nantz Joins 68 Shining Moments to Discuss His Most Famous Calls, Giving Out Ties and His Favorite March Memories," *68 Shining Moments* podcast, March 2021, https://open.spotify.com/episode/3EbQCv7eHwSdVOQCPqQUeL.

5장. 당신은 도마 위의 생선이 아니거늘

1. William James, "The Conscious Self," in William James, *The Principles of Psychology*, vol. 1 (Boston: Harvard University Press, 1892).
2. Jennifer Crocker and Connie T. Wolfe, "Contingencies of Self-Worth," *Psychological Review* 108, no.3 (2001): 593-623.
3. Crocker and Wolfe, "Contingencies of Self-Worth."
4. Jennifer Crocker, "The Costs of Seeking Self-Esteem," *Journal of Social Issues* 58, no.3 (2002): 597-615.
5. Crocker, "The Costs of Seeking Self-Esteem."
6. Charles S. Carver and Michael F. Scheier, *On the Self-Regulation of Behavior* (Cambridge, UK: Cambridge University Press, 1998); Jennifer Crocker and Lora E. Park, "Seeking Self-Esteem: Construction, Maintenance, and Protection of Self-Worth," University of Michigan working paper, January 1, 2003.
7. Roy F. Baumeister, Ellen Bratslavsky, Mark Muraven, and Dianne M. Tice, "Ego Depletion: Is the Active Self a Limited Resource?," *Journal of Personality and Social Psychology* 74, no.5 (1998): 1252-1265; Roy F. Baumeister, Brad J. Bushman, and W. Keith Campbell, "Self-Esteem, Narcissism, and Aggression: Does Violence Result from Low Self-Esteem or from Threatened Egotism?," *Current Directions in Psychological Science* 9, no.1 (2000): 26-29; Michael H. Kernis and Stefanie B. Waschull, "The Interactive Roles of Stability and Level of Self-Esteem: Research and Theory," in Mark P. Zanna (ed.), *Advances in Experimental Social Psychology*, vol. 27 (Cambridge, MA: Academic Press, 1995), 93-141.
8. Rick Hanson, *Buddha's Brain: The Practical Neuroscience of Love, Happiness and Wisdom* (Oakland, CA: New Harbinger Publications, 2009).

9. Albert Bandura, *Social Learning Theory*(Englewood Cliffs, NJ: Prentice Hall, 1977).
10. Avi Assor, Guy Roth, and Edward L. Deci, "The Emotional Costs of Parents' Conditional Regard: A Self-Determination Theory Analysis," *Journal of Personality* 72, no.1(2004): 47-88.
11. Ece Mendi and Jale Eldeleklioğlu, "Parental Conditional Regard, Subjective Well-Being and Self-Esteem: The Mediating Role of Perfectionism," *Psychology* 7, no.10(2016): 1276-1295.
12. Dare A. Baldwin and Louis J. Moses, "Early Understanding of Referential Intent and Attentional Focus: Evidence from Language and Emotion," in Charlie Lewis and Peter Mitchell(eds.), *Children's Early Understanding of Mind: Origins and Development*(Hillsdale, NJ: Lawrence Erlbaum Associates, 1994), 133-156; Richard M. Ryan, Edward L. Deci, and Wendy S. Grolnick, "Autonomy, Relatedness, and the Self: Their Relation to Development and Psychopathology," in Dante Cicchetti and Donald J. Cohen(eds.), *Developmental Psychopathology, Volume 1: Theory and Method*(Hoboken, NJ: John Wiley and Sons, 1995), 618-665; Susan Harter, "Causes and Consequences of Low Self-Esteem in Children and Adolescents," in Roy Baumeister(ed.) *Self-Esteem: The Puzzle of Low Self-Regard*(New York: Plenum Press, 1993), 87-116.
13. Tim Kasser, Richard M. Ryan, Charles E. Couchman, and Kennon M. Sheldon, "Materialistic Values: Their Causes and Consequences," in Tim Kasser and Allen D. Kanner(eds.), *Psychology and Consumer Culture: The Struggle for a Good Life in a Materialistic World*(Washington, DC: American Psychological Association, 2004), 11-28.
14. Rory Sutherland, "Life Lessons from an Ad Man," TED talk, 2008, https://www.ted.com/talks/rory_sutherland_life_lessons_from_an_ad_man.

6장. FOPO의 신경생물학

1. Timothy D. Wilson et al., "Just Think: The Challenges of the Disengaged Mind," *Science* 345, no.6192(2014): 75-77.
2. Marcus Raichle interviewed by Svend Davanger, "The Brain's Default Mode Network—What Does It Mean to Us?," *The Meditation Blog*, March 9, 2015, https://www.themeditationblog.com/the-brains-default-mode-network-what-does-it-mean-to-us/.

3. Randy L. Buckner, "The Serendipitous Discovery of the Brain's Default Network," *Neuroimage* 62(2012): 1137-1147.
4. Marcus E. Raichle and Abraham Z. Snyder, "A Default Mode of Brain Function: A Brief History of an Evolving Idea," *Neuroimage* 37(2007): 1083-1090.
5. Raichle interview, "Brain's Default Mode."
6. Marcus E. Raichle and Debra A. Gusnard, "Appraising the Brain's Energy Budget," PNAS 99, no.16 (2002): 10237-10239; Camila Pulido and Timothy A. Ryan, "Synaptic Vesicle Pools Are a Major Hidden Resting Metabolic Burden of Nerve Terminals," *Science Advances* 7, no.49(2021).
7. Matthew A. Killingsworth and Daniel T. Gilbert, "A Wandering Mind Is an Unhappy Mind," *Science 330*, no.6006(2010): 932.
8. Barbara Tomasino, Sara Fregona, Miran Skrap, and Franco Fabbro, "Meditation-Related Activations Are Modulated by the Practices Needed to Obtain It and by the Expertise: An ALE Meta-Analysis Study," *Human Neuroscience* 6(2012); Judson A. Brewer et al., "Meditation Experience Is Associated with Differences in Default Mode Network Activity and Connectivity," PNAS 108, no.50 (2011): 20254-20259.
9. Jon Kabat-Zinn, "Some Reflections on the Origins of MBSR, Skillful Means, and the Trouble with Maps," *Contemporary Buddhism* 12, no.1(2011): 281-306.
10. Jon Kabat-Zinn, "Mindfulness-Based Interventions in Context: Past, Present, and Future," *Clinical Psychology: Science and Practice* 10, no.2(2003): 144-156.

7장. 자기 인생을 사느라 여념이 없는 사람들

1. Thomas Gilovich, Victoria H. Medvec, and Kenneth Savitsky, "The Spotlight Effect in Social Judgment: An Egocentric Bias in Estimates of the Salience of One's Own Actions and Appearance," *Journal of Personality and Social Psychology* 78, no.2 (2000): 211-222.
2. Gilovich, Medvec, and Savitsky, "Spotlight Effect in Social Judgment."
3. Gilovich, Medvec, and Savitsky, "Spotlight Effect in Social Judgment."
4. Thomas Gilovich, "Differential Construal and the False Consensus Effect," *Journal of Personality and Social Psychology* 59, no.4 (1990): 623-634.
5. Amos Tversky and Daniel Kahneman, "Judgment under Uncertainty: Heuristics and Biases," *Science* 185, no.4157 (1974): 1124-1131.

8장. 타인의 말을 해석하지 말라

1. "Theory of Mind," Harvard Medical School News and Research, January 27, 2021, https://hms.harvard.edu/news/theory-mind.
2. William Ickes, "Everyday Mind Reading Is Driven by Motives and Goals," *Psychological Inquiry* 22, no.3 (2011): 200–206.
3. Nicholas Epley, *Mindwise: Why We Misunderstand What Others Think, Believe, Feel, and Want*(New York: Vintage, 2015).
4. Epley, *Mindwise*.
5. Belinda Luscombe, "10 Questions for Daniel Kahneman," *Time*, November 28, 2011, https://content.time.com/time/magazine/article/0,9171,2099712,00.html.
6. Tal Eyal, Mary Steffel, and Nicholas Epley, "Perspective Mistaking: Accurately Understanding the Mind of Another Requires Getting Perspective, Not Taking Perspective," *Journal of Personality and Social Psychology* 114, no.4 (2018): 547–571.
7. Dale Carnegie, *How to Win Friends and Influence People*(New York: Simon & Schuster, 2009).
8. Nicholas Epley, "We All Think We Know the People We Love. We're All Deluded," Invisibilia, NPR, March 22, 2018, https://www.npr.org/sections/health-shots/2018/03/22/594023688/invisibilia-to-understand-another-s-mind-get-perspective-don-t-take-it.
9. V. S. Ramachandran, *A Brief Tour of Human Consciousness*(New York: Pi Press, 2004), 3.
10. Epley, "We All Think We Know the People We Love."
11. Erving Goffman, *The Presentation of Self in Everyday Life*(New York: Anchor Books, 1959).

9장. 세상을 열 개의 눈으로 보라

1. Leo Benedictus, "#Thedress: 'It's Been Quite Stressful to Deal with It... We Had a Falling-Out,'" *Guardian*, December 22, 2015, https://www.theguardian.com/fashion/2015/dec/22/thedress-internet-divided-cecilia-bleasdale-black-blue-white-gold.
2. "Optical Illusion: Dress Colour Debate Goes Global," BBC News, February 27, 2015, https://www.bbc.com/news/uk-scotland -highlands -islands -31656935;

Benedictus, "#Thedress"; Terrence McCoy, "The Inside Story of the 'White Dress, Blue Dress' Drama That Divided a Planet," *Washington Post*, February 27, 2015, https://www.washingtonpost.com/news/morning-mix/wp/2015/02/27/the-inside-story-of-the-white-dress-blue-dress-drama-that-divided-a-nation/; Claudia Koerner, "The Dress Is Blue and Black, Says the Girl Who Saw It in Person," BuzzFeed News, February 26, 2015, https://www.buzzfeednews.com/article/claudiakoerner/the-dress-is-blue-and-black-says-the-girl-who-saw-it-in-pers.

3. Pascal Wallisch, "Illumination Assumptions Account for Individual Differences in the Perceptual Interpretation of a Profoundly Ambiguous Stimulus in the Color Domain: 'The Dress,'" *Journal of Vision* 17, no.4 (2017): 5; Christoph Witzel, Chris Racey, J. Kevin O'Regan, "The Most Reasonable Explanation of 'The Dress': Implicit Assumptions about Illumination," *Journal of Vision* 17, no.2 (2017): 1.

4. Chris Shelton, "Let's Get into Neuroscience with Dr. Jonas Kaplan," *Sensibly Speaking* podcast, https://www.youtube.com/watch?v=_dPl6NKI1M4, 41:00.

5. Jonas Kaplan, "This Is How You Achieve Lasting Change by Rewiring Your Beliefs," Impact Theory, November 25, 2021, https://impacttheory.com/episode/jonas-kaplan/.

6. Christopher Chabris and Daniel Simons, *The Invisible Gorilla: And Other Ways Our Intuitions Deceive Us* (New York: Crown Publishers, 2011).

7. James Alcock, *Belief: What It Means to Believe and Why Our Convictions Are So Compelling* (Amherst, NY: Prometheus Books, 2018).

8. Joshua Klayman and Young-won Ha, "Confirmation, Disconfirmation, and Information in Hypothesis Testing," *Psychological Review* 94, no.2 (1987): 211-228.

9. Richard E. Nisbett and Timothy D. Wilson, "Telling More Than We Can Know: Verbal Reports on Mental Processes," *Psychological Review* 84, no.3 (1977): 231-259.

10. Francis Bacon, *The New Organon, or True Directions Concerning the Interpretation of Nature*, 1620.

11. Drake Baer, "Kahneman: Your Cognitive Biases Act Like Optical Illusions," *New York* magazine, January 13, 2017, https://www.thecut.com/2017/01/kahneman-biases-act-like-optical-illusions.html.

12. Baer, "Kahneman."

10장. 사회적 가면을 벗어라
1. Jeff Pearlman, *Love Me, Hate Me: Barry Bonds and the Making of an Antihero*(New York: HarperCollins: 2006); Jeff Pearlman, "For Bonds, Great Wasn't Good Enough," ESPN, March 14, 2006, https://www.espn.com/mlb/news/story ?id =2368395.
2. A. W. Tucker, "The Mathematics of Tucker: A Sampler," *The Two-Year College Mathematics Journal* 14, no.3 (1983): 228-232.
3. Varda Liberman, Steven M. Samuels, and Lee Ross, "The Name of the Game: Predictive Power of Reputations versus Situational Labels in Determining Prisoner's Dilemma Game Moves," *Personality and Social Psychology Bulletin* 30, no.9 (2004): 1175-1185.
4. Matthew Lieberman, "The Social Brain and the Workplace," Talks at Google, February 4, 2019, https://www.youtube.com/watch?v=h7UR9JwQEYk.
5. Alexis de Tocqueville, *Democracy in America*, Volume II, translated by Henry Reeve, 1840.
6. Mark Manson, "9 Steps to Hating Yourself a Little Less," Mark Manson blog, August 26, 2016, https://markmanson.net/hate-yourself.
7. Richard Schiffman, "We Need to Relearn That We're a Part of Nature, Not Separate from It," billmoyers.com, March 2, 2015.
8. Scott Galloway, "The Myth—and Liability—of America's Obsession with Rugged Individualism," Marker, March 15, 2021, https://medium.com/marker/the-myth-and-liability-of-americas-obsession-with-rugged-individualism-cf0ba80c2a05.
9. Roy F. Baumeister and Mark R. Leary, "The Need to Belong: Desire for Interpersonal Attachments as a Fundamental Human Motivation," *Psychological Bulletin* 117, no.3 (1995): 497-529.
10. Baumeister and Leary, "The Need to Belong."
11. Jonathan White, *Talking on the Water: Conversations about Nature and Creativity*(San Antonio, TX: Trinity University Press, 2016).

11장. 당신의 믿음은 여전히 도움이 되고 있는가?

1. Charles G. Lord, Lee Ross, and Mark R. Lepper, "Biased Assimilation and Attitude Polarization: The Effects of Prior Theories on Subsequently Considered Evidence," *Journal of Personality and Social Psychology* 37, no.11 (1979): 2098-2109.
2. Jonas T. Kaplan, Sarah I. Gimbel, and Sam Harris, "Neural Correlates of Maintaining One's Political Beliefs in the Face of Counterevidence," *Scientific Reports* 6 (2016): 39589.
3. Brian Resnick, "A New Brain Study Sheds Light on Why It Can Be So Hard to Change Someone's Political Beliefs," Vox, January 23, 2017, https://www.vox.com/science-and-health/2016/12/28/14088992/brain-study-change-minds.
4. Jacqueline Howard, "This Is Why You Get Worked Up about Politics, According to Science," CNN, January 3, 2017, https://www.cnn.com/2017/01/03/health/political-beliefs-brain/index.html.
5. Valerie Curtis, Mícheál de Barra, and Robert Aunger, "Disgust as an Adaptive System for Disease Avoidance Behaviour," *Philosophical Transactions of the Royal Society* B 366, no.1563 (2011): 389-401.

13장. 마지막 질문

1. Erik Erikson, *The Life Cycle Completed* (New York: W. W. Norton, 1982), 112.
2. Daniel Kahneman et al., "A Survey Method for Characterizing Daily Life Experience: The Day Reconstruction Method," *Science* 306, no.5702 (2004): 1776-1780; Daniel Kahneman et al., "The Day Reconstruction Method (DRM): Instrument Documentation," July 2004, https://dornsife.usc.edu/assets/sites/780/docs/drm_documentation_july_2004.pdf.
3. Steve Jobs, Commencement Address, Stanford University, June 12, 2005, https://news.stanford.edu/2005/06/14/jobs-061505/.
4. Seneca, *On the Shortness of Life*.
5. Eugene Kim, " 'One Day, Amazon Will Fail' but Our Job Is to Delay It as Long as Possible," CNBC, November 15, 2018.

옮긴이 고영훈

성균관대학교에서 경영학을, 대학원에서 신문방송학을 공부했다. 캐나다 현지 기업에서 근무 후 한국으로 돌아와 바른번역 회원으로 번역 활동을 하고 있다. 옮긴 책으로는 『크립토애셋, 암호자산 시대가 온다』 『1page 혁명』 『왜 제조업 르네상스인가』 『작은 습관 연습』 『포에버 데이 원』 『FBI 사람 예측 심리학』 『돈의 연금술』 『나폴레온 힐 부자 수업』 『예민함의 힘』 『해내는 사람에게는 한 가지가 있다』 『결국엔 정직함이 이긴다』 『부의 전략 수업』 등이 있다.

스포트라이트

초판 1쇄 인쇄 2025년 7월 7일
초판 1쇄 발행 2025년 7월 15일

지은이 마이클 거베이스, 케빈 레이크
옮긴이 고영훈
펴낸이 유정연

이사 김귀분
책임편집 서옥수 **기획편집** 신성식 조현주 유리슬아 황서연 정유진 **디자인** 안수진 기경란
마케팅 반지영 박중혁 하유정 **제작** 임정호 **경영지원** 박소영

펴낸곳 흐름출판(주) **출판등록** 제313-2003-199호(2003년 5월 28일)
주소 서울시 마포구 월드컵북로5길 48-9(서교동)
전화 (02)325-4944 **팩스** (02)325-4945 **이메일** book@hbooks.co.kr
홈페이지 http://www.hbooks.co.kr **블로그** blog.naver.com/nextwave7
출력·인쇄·제본 (주)삼광프린팅 **용지** 월드페이퍼(주) **후가공** (주)이지앤비(특허 제10-1081185호)

ISBN 978-89-6596-733-0 03190

- 이 책은 저작권법에 따라 보호를 받는 저작물이므로 무단 전재와 복제를 금지하며, 이 책 내용의 전부 또는 일부를 사용하려면 반드시 저작권자와 흐름출판의 서면 동의를 받아야 합니다.
- 흐름출판은 독자 여러분의 투고를 기다리고 있습니다. 원고가 있으신 분은 book@hbooks.co.kr로 간단한 개요와 취지, 연락처 등을 보내주세요. 머뭇거리지 말고 문을 두드리세요.
- 파손된 책은 구입하신 서점에서 교환해드리며 책값은 뒤표지에 있습니다.